Kyvete Shatri

MUNDËSIT E NDËRLIDHJES SË RRJETAVE LAN NË INTERNET

UNITED STATES OF AMERICA

"MUNDËSIT E NDËRLIDHJES SË RRJETAVE LAN NË INTERNET"

All Rights Reserved. **Kyvete Shatri**

Copyright © 2011

Redaktor i Botimit: **Edmon Beqii**
Recensioni:

Ballina: **Lida Sherafatmand**

ISBN: 978-1-4710-1198-6

PRINTED IN THE UNITED STATES OF AMERICA

PËRMBAJTJA:

3

HYRJE

Në fillimet e përdorimit të kompjuterit, askush nuk e imagjinonte se ai do të bëhej mjeti më i përhapur i komunikimit dhe i shkëmbimit të drejtëpërdrejtë të informacionit nga një skaj i rruzullit në tjetrin. Mjafton një linjë telefonike dhe një modem, ose një radiomodem i lidhur me PC-ën tuaj dhe ju mund të hyni në botën e madhe të Internetit.Nga kompjuteri juaj mund të kërkoni e të gjeni informacion të çdollojshëm, mund të komunikoni më këdo në botë, mund të shfrytëzoni kapacitete të mëdha të kompjuterave të tjerë të fuqishëm, kudo në rruzullin tonë, mund të shikoni transmetime, video dhe të dëgjoni muzikë etj. Mirëpo deri sa jemi duke qëndruar para kompjuterit dhe duke i shfrytëzuar të gjitha këto gjëra që na i ofron Interneti, shumica e njerzve asnjëherë nuk e humbin kohën që të mendojnë se si është realizuar kjo mrekulli apo për hapat që janë ndërmarrë për ta bërë këtë të mundur. Interneti po rritet me ritme kolosale. Për të krijuar një ide mbi ritmet e zhvilimit të tij mjafton të kujtojmë që para disa vitesh llogariteshin reth 1.000.000 persona në botë që përdorin Internetin, kurse sot janë mbi 1.000.000.000 persona.

Interneti është një rrjet ndërmjet rrjetave të përhapura në të gjithë rruzullin tonë.Rrjetat e veçanta mund të lidhen në Internet dhe të komunikojnë ndërmjet veti në bazë të protokolleve, siç janë TPC (Transmission Control Protocal)

7

dhe IP (Internet Protocal).Çdo rrjet bashkëvepron me rrjetet e tjera për të drejtuar trafikun e Internetit, për të mundësuar kalimin e informacionit nëpër to.Gjithë këto rrjete së bashku formojnë botën e lidhur të Internetit.Sot ka grupe të ndryshme që drejtojnë rritjen e Internetit duke vendosur standarde dhe duke edukuar njerëzit për përdorimin e Internetit.Ndërsa organizatat janë të rëndësishme për rolin e tyre bashkërendues të punës në Internet,rolin kryesor e luajn Rrjetet Lokale (LAN) të cilat lidhen në Internet.Këto rrjete mund të ndodhen në kompani private, agjensi qeveritare, qendra shërbimi online etj.Rrjetet janë lidhur ndërmjet tyre në rrugë të shumëllojshme. Zakonisht, rrjetet lokale janë të lidhura në të ashtuquajturat rrjetet rajonale.Linjat që lidhin rrjetet ndërmjet tyre mund të jenë thjesht linja telefonike, kabllo optike ose lidhje satelitore. Për të realizuar gjithë këtë, pra për projektimin dhe realizimin e rrjetit kompjuterik dhe ndërlidhjes së tyre ndërmjet veti,pra lidhjes së tyre në Internet parashikon planifikimin e kujdesshëm, projektimin si dhe duhet pasur njohuri të duhura për realizimin e një pune të tillë.

1. KOMPONENTET E RRJETAVE LOKALE LAN

1.1. Rrjeti kompjuterik

Me ndërlidhje të dy ose më shumë kompjuterëve në mes veti realizohet rrjeti kompjuterik.Struktura e rrjetit kompjuterik mundet me qenë e thjeshtë, por ndonjëherë është mjaft e ndërlikuar.

Sipas këtij definicioni,rrjeta mund të jetë aq e thjeshtë sikurse kompjuterët e treguar në fig. 1.1. Në fakt fig.1.1.paraqet rrjetën më të thjeshtë e cila mund të krijohet nga dy paisje të lidhura me kabëll koaksial.Ky shembull është një shembull i thjeshtë zhgënjyes dhe fshehë në vete një aranzhim të pjesëve mjaft komplekse, të cilat duhet që të punojnë së bashku që të mundësojnë komunikimin mes këtyre dy paisjeve.

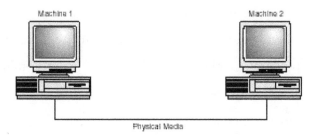

Fig.1.1- Një shembull i një rrjeti të thjeshtë

9

Secili institucion apo lokacion që posedon më shumë se një kompjuter, vlen që ata kompjuter t'i ndërlidhë ne mes veti në rrjet kompjuterik.Në këtë mënyrë realizohet shfrytëzimi më racional i hapësirës në disk të kompjuterit, lehtësohet qasja në resurset e përbashkëta kompjuterike siç janë: shtypësi (printeri) ,fkas-modemi, shpejtohet dhe thjeshtohet këmbimi i fajllave, hapen mundësitë e këmbimit elektronik të porosive përbrenda dhe jashtë institucionit etj.

Për nga lokaliteti apo regjioni i ndërlidhjes së kompjuterëve në rrjet, mund të dallojmë tri lloje të rrjetave kompjuterike.

- ❖ **LAN-** rrjeti lokal kompjuterik (ang.Local Area Network)
- ❖ **MAN** - rrjeti kompjuterik i qytetit (ang.Metropolitan Area Network)
- ❖ **WAN-**rrjeti i gjerë kompjuterik(ang.Wide Area Network),

Rrjeti kompjuterik paraqet kuptim shumë të gjerë dhe ky kuptim përdoret në mënyrë mjaft elastike .Rrejt komjuterik formojnë vetëm dy kompjuterë të ndërlidhur në mes veti, por poashtu rrjet kompjuterik formojnë dy ose më tepër rrjeta komjuterikë të ndërlidhura.Sot ekziston rrjeti ndërkombëtar kompjuterik i cili bënë ndërlidhjen e të gjitha rrjetave kompjuterike në botë i quajtur Internet(shkurtesë nga anglishtja, INTERnational NETwork).

10

1.1.1   Puna në rrjet kompjuterik

Puna në rrjet kompjuterik mund të bëhet në dy mënyra (regjime) të punës:mënyra e punës **online** dhe mënyra e punës **off-line.**

Mënyra e punës online -mënyra e punës gjatë kohës kur shfrytëzuesi i kompjuterit është i lidhur aktivisht në rrjet kompjuterik për të komunikuar me ndonjë shfrytëzues tjetër ose me ndonjë servis (shërbim) të rrjetit quhet regjim i punës online.Në këtë mënyrë të punës shfrytëzuesi është aktualisht duke e shfrytëzuar rrjetin kompjuterik.

Mënyra   e punës off-line- leximi i porosive nëpër programme të ndryshme të serverve të rrjetit gjërsa shfrytëzuesi është në lidhje, nuk preferohet për shkak të jokonforitetit dhe të harxhimeve të mëdha telefonike. Për këtë arsye ekziston edhe regjimi i punës off-line, i cili bën të mundur leximin e porosive pasi që të ndërprehet lidhja me rrjetin kompjuterik . Kjo realizohet ashtu që gjatë mënyrës së punës online, shfrytëzuesi të dhënat e dëshiruara i ruan së pari në kompjuterin e vet dhe pastaj, në regjimin e punës off-line, ato i lexon dhe i analizon në kompjuterin e tij pa qënë fare aktivisht i lidhur në rrjet.

1.2 LAN- Rrjeti lokal i kompjuterëve

Kompjuterët personalë dhe ata Macintosh mund të lidhen në rrjeta të karaktereve dhe të madhësive të ndryshme. Kur rrjeti është i realizuar në kuadër të një lokaliteti, ose të disa lokaliteteve të afërta, atëherë ky rrjet quhet rrjet lokal apo **LAN** (nga gjuha angleze Lokal Are Network).

Projektimi i rrjetit është më kompleks se projektimi i sistemit të veçantë kompjuterik. Realizimi dhe zhvilimi i suksesshëm i rrjetit kompjuterik parashikon planifikimin e kujdesshëm, projrktimin si dhe mjaftë përvojë në këtë lëmë.

Ndërlidhja e disa kompjuterëve në rrjet lokal mund të realizohet me anë të adapterëve përkatës të rrjetit (karteleve elektronike të cilat mundësojnë ndërlidjen sipas ndonjë standardi të caktuar) e pastaj në mënyrë konkrete ndërlidhen me anë të kabllove.

Rrjetin kompjuterik e përbëjnë: kompjuterët,paisjet lidhëse dhe lidhjet në mes tyre.

Kompjuterët në përbërje të rrjetit kompjuterik mund të jenë

- ❖ me përparësi të njëjtë ose
- ❖ server me klientë apo me stacione punuese.
- ❖ Rrjetat kompjuterike me kompjuterë të përparësisë së njejtë zakonisht quhen rrjetat Peer to Peer (sy më sy)

12

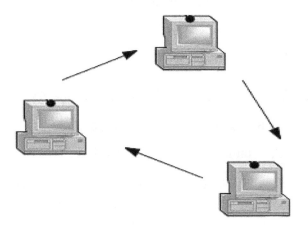

Fig. 1.2.Rrjeti kompjuterik Peer to peer

Te rrjeti kompjuterik me kompjuterë server -klientë, njeri ose disa kompjuterë kryejnë disa funksione të përbashkëta për tërë rrjetin dhe quhen serverë,kurse kompjuterët tjerë në rrjet quhen stacione punuese ose klientë (clent). Në server ndodhet shumica e të dhënave të rëndësishme për rrjetin.

1.2.1.   Pse të krijohet LAN-i ?

Me pak fjalë,pjesa e hapesirës në rrjet,ose **LAN**-i paraqet lidhjen e dy apo më tepër kompjuterëve me anën e kabllove (mos të harrojmë të theksojmë se lidhjen e kompjuterëve mund të bëjmë edhe pa tela duke përdorur kartelat wirales). Me ndihmën e softuerit të rrjetit të ndërtuar në SO Windows, kompjuterët e lidhur mund t'i ndajnë

13

burimet. Ndarja e këtyre burimeve në mes kompjuterëve mund të bëhet përmes printerëve, qasjes në Internet, hapësirës së disqeve ose diç tjetër.

- ❖ Nëse vetëm një PC në LAN ka printer, CD-ROM, CD-R, CD-RW ose Zip drive, atëherë çdo PC në LAN mund ta përdorë këtë harduer.

- ❖ Nëse vetëm një PC ka çasje në Internet, çdo PC në LAN mund të qaset në Internet nëpërmes asaj lidhjeje të vetme me Internet dhe llogari të Internetit.

- ❖ Ju nuk keni nevojë të përdorni flesh disk ose ndonjë mjet tjetër për të kopjuar fajlat prej një kompjuteri në kompjuterin tjetër.Ju mund ta bëni këtë me përdorimin e përditshëm të teknikës së LAN-it, e cila punë bëhet për kohë shumë më të shkurtër dhe më shumë efikasitet.

- ❖ Nëse keni kolekcion të madh të fajlave,të fotografive apo të muzikës ju duhet t'i ruani ata në vetëm njërin kompjuter në LAN.Ju mund t'i paraqisni, editoni dhe aktivizoni ata fajlla nga secili kompjuter në LAN.

- ❖ Nëse disa njerëz punojnë me të dhëna të njëjta - sikurse lista e shfrytëzuesëve ose rregullat - të gjitha këto informata mund t'i takojnë vetëm një

14

kompjuteri (PC).Çdo përdorues në LAN do të ketë qasje në këto të dhëna çdo herë aktive.

Në fig.në vijim është paraqitur një shembull se si është krijuar një rrjet i kompjuterëve brenda një lokaliteti dhe i tërë ky rrjet ëshë kyqur në Internet.

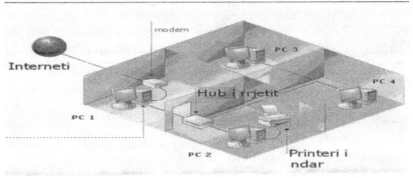

Fig. 1.3.Paraqet rrjetin LAN brenda një ambienti të lidhur ne Internet

Sikurse mund të shihni, ka shumë përparësi instalimi i LAN-it.Shumë kompani të rëndësishme kanë specializuar administrator të rrjetit (network administrator), puna kryesore e të cilëve është ndërtimi dhe mirëmbajtja e rrjetit.Kjo punë kërkon njohuri të mëdha teknike.

1.2.2   Karakteristikat e rrjetit LAN

Rrjetat LAN dallohen prej rrjetave publike të të dhënave në bazë të: kapacitetit shumë të madh të mediumit transmetues, protokoleve dhe konfiguracionit.Për ta arsyetuar zbatimin e tyre, rrjetat LAN duhet të jenë sa më të thjeshta dhe sa më të lira.P.sh. stacionet lidhen drejtëpërdrejtë, nëpërmjet të interfeisit,në mediumin transmetues, gjë që nuk ndodhë të rrjetat publike dhe çmimi i interfeisave duhet të jetë shumë më i lirë sesa çmimi i stacioneve.

Një rrjetë tipike lokale i ka këto karakteristika:

- shtrihet në hapësirën gjeografike prej 100 m deri në 1km;
- shpejtësia e transmetimit është 10 -50 Mb/s;
- shfrytëzohet kryesisht, transmetimi serik i bitave në brezin themelor;
- gabimet gjatë transmetimit janë të rendit nano;
- përdoret komutimi i paketave për orijentim të interfeisave;
- vonesat në transmetim janë të vogla (10-100 ms);
- spektri i paisjeve që lidhen në këto rrjeta për të komunikuar në mes veti, është shumë i gjërë.

Rjetat lokale (rrjetat afariste) më së tepërmi përdoren në mjedise si në :

- lokalet e një universiteti ;
- një mjedisi kompleks laboratoresh;
- një kompleks spitalesh ;
- një zyrë me shërbime të automatizuara;
- fabrika etj.

Sot, në botë ekziston një numër i madh i rrjetave LAN në zbatim apo në fazën eksperimentale.

Rrjetat lokale, zakonisht,ndahen (grupohen) sipas:

- konfiguracionit,
- mënyrës (protokoleve) sipas së cilës i ofrohen (i qasen) mediumit transmetues, dhe
- llojit të mediumit.

1.2.3   Komponentet e rrjetave LAN

Ndërtimi i rrjetave LAN është motivuar nga nevoja për lidhje të kompjuterëve dhe njësive të tyre periferike.Për këto qëllime, edhe sot, këto rrjeta përdoren më së tepërmi. Kohëve të fundit, rëndësi të madhe është duke ju kushtuar zgjerimit të këtyre rrjetave për bartjen edhe të llojeve tjera të informacioneve.

17

Rjetat lokale, sikurse edhe rrjetat tjera janë të dedikuara për bartjen e të dhënave përbëhen prej këtyre komponenteve:

- mediumit transmetues;
- stacioneve të cilat lidhen në rrjetë;
- interfejsit në mes të stacionit dhe mediumit transmetues;
- protokoleve të komunikimit të cilat mundësojnë komunikimin ndërmjet stacioneve.

1.2.3.1   Mediumi transmetues

Në rrjeta mediumi transmetues është materjal nëpër të cilën udhëtojnë të dhënat (pra informatat).

Duke pasur parasyshë faktin që rrjeti LAN-parqet lidhjen e dy apo më shumë kompjuterëve nëpërmjet koblove ose pa to, pra pa tela duke përdorur kartelat Wirales mund të theksojmë se mediumi transmetues mund të ndahet në:

- Mediume transmetuese të mbyllura dhe
- Mediume transmetuese të hapura

Mediumet transmetuese të mbyllura janë : telat e telefonit,UTP (CUTS),kablli koaksial, fijet optike etj.Ndërsa si mediume transmetuese të hapura janë dy lloje që përdoren më pak:atmosfera (kryesisht oksigjeni,nitrogjenidhe uji) që

18

bartë radio valët dhe dritën, si dhe komunikimi pa tela (që është i mundshëm duke përdorur valët EM të cilat në vakum udhëtojnë me shpejtësi të dritës)pra përvq në atmosferë udhëtojnë edhe në vakum.

Si medium transmetues më tepër përdoren mediumet e mbyllura pra kabllot të cilët përdoren për ndërlidhje në rrjet.Kablli i cili ndërlidh dy kartele të rrjetit duhet që t'u përmbahet standardeve të parapara për atë rrjet.Mediumet më të zakonshme janë: STP, ScTP, UTP, KABLLI KOAKSIAL,FIBRI OPTIC dhe KOMUNIKIMI PA TELA.

1.2.3.1.1 STP (Shielded twisted pair)- kombinon teknikat

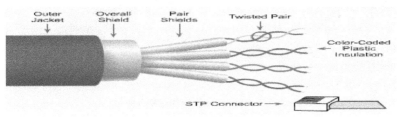

Fig. 1.4. paraqet kabllin STP

e mbështjelljes, anulimit dhe çiftëzimit të telave. Çdo çift i telave është i mbështjellur me folje metalike.Të katër çiftet e telave janë të mbështjellura me folje të plotë metalike.Zakonisht është kabëll 150 Ohm.STP kablli redukton zhurmën elektriek, të dyjat, atë përbrenda kabllit (crosstalk) dhe atë jasht jashtë kabllit (ENI dhe RFI). Poashtu ofron mbrojtje me të mirë ng atë gjitha ndërhyrjet e jashtme por është më e shtrenjtë dhe më e vështirë për

19

instalim se sa UTP-ja .Ka shpejtësi prej 10 -100 Mbps Është mesatarisht i shtrenjtë.Madhësia e mediumit dhe konektorit është prej mestar në të madh.Gjatësia maksimale e kabllit 100m.

1.2.3.1.2 ScTP (Screend twisted pair) është hibrid i

UTP-ës dhe STP-ës poashtu i njohur si FTP (folied twisted

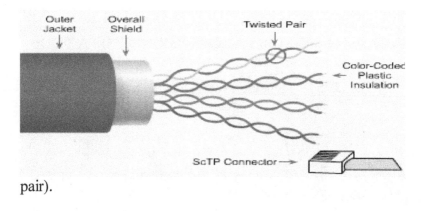

pair).

Fig . 1,5. parqet kabllin ScTP

ScTP-ja në esencë është UTP e mbështjellur me folje metalike ose " screen".Zakonisht është kabëll 100 ose 120 Ohm. Materialet mbështjellëse metalike në STP dhe ScTP duhet të tokëzohen në të dy skajet.Nëse nuk tokëzohen mirë, STP dhe ScTP janë të ndieshme në problemet e zhurmës, sepse lejojnë mbështjellësin të veproj në antenë, duke pranuar sinjale të padeshiruara.Kombinimi i izolimit dhe mbështjellës e rrit madhësinë, peshën dhe çmimin e kabllit.Po ashtu materjalet mbështjellëse e lejojnë terminimin më të vështirë dhe të dyfishtë për punë.Shpejtësinë dhe througputin e ka 10 deri 100 Mbps.Është mesatarisht i shtrenjtë. Madhësia e mediumit dhe konektorit është prej mesatar në të madh.Gjatësia e kabllit (max) është 100m.Përdor konektorin ScTP.

1.2.3.1.3 **UTP** (Unshielded twisted- pair) është medium i përbërë prej katër çifte telash, që përdoret në lloje të ndryshme të rrjetave.Secila nga tetë fijet e bakrit në kabllin UTP mbështjellet me material izolues, dhe secili çift i

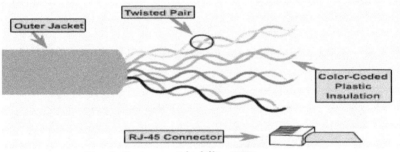

Fig. 1.6.paraqet kabllin UTP

telave mbështjellet rreth njëri tjetrit. Ky lloj i kabllit është jashtë zakonisht lehtë të terminohet, dhe falë të çiftëzimit të fijeve e kufizon degradimin e sinjalit të shkaktuar nga EMI dhe RFI. UTP-ja e përdorur për medium të rrjetave ka impedancë 100 Ohm. Pasiqë UTP-ja ka diametrin e jashtëm përafërsisht 0,43cm (që është i vogël) mund të jetë përparësi gjatë instalimit.Kablli UTP ka shumë përparësi, si

21

p.sh. është i lehtë për instalim dhe është më i lirë sesa llojet tjera sido qoftë, përparësia kryesore e tij është madhësia e tij.Kur kablli UTP instalohet me RJ konektor burimet e mundshme të zhurmës në rrjet zvogëlohen dukshëm dhe garantohet lidhshmëria e mirë.Ka poashtu mangësi gjatë përdorimit të kabllit UTP, p.sh. është më i ndieshëm në zhurmat elektrike dhe ndërhyrje se sa llojet tjera të mediumeve.UTP konsiderohet si mediumi më i shpejtë me bazë nga bakri.Shpejtësia dhe throughputi prej 10 deri 100Mbps.Është mediumi më i lirë ,madhësia e mediumit dhe e konektorit është e vogël.Gjatësia maksimale e kabllit është 100 m.Përdorë konektorin RJ- 45 si në fig.1.7. Ekzistojnë kategori të ndryshme të kabllit UTP , si 1,2,3,4,5 si 1,2,3,4,5; por për rrjeta përdoret CAT 5 UTP .

Fig. 1.7 .RJ-45 konektori

1.2.3.1.4   Kablli koaksial - përbëhet prej përçuesit

cilindrik- boshtit të jashtëm i cili e mbështjellë një tel të

vetëm të brendshëm të përbërë nga dy elemente

përquese.Njëra nga këto elemente që gjëndet në qendër të

kabllit është përques nga bakri.Për rreth tij është një shtresë

izoluese elastike mbi këtë material izolues është një shirit i

thurur bakri ose folje metalike që shërben si fije e dytë në

qark dhe si mbështjellës për përçuesin e brendshëm.Shtresa

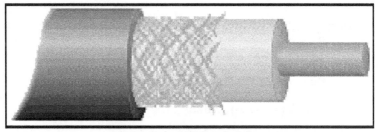

Fig. 1.8. kablli koaksial

e dytë ose mbështjellësi ndihmon në zvogëlimin   e
ndërhyrjeve që vijnë nga jashtë.E tërë kjo mbështjellet me
"xhaketë"

Për LAN ,kablli koaksial ofron disa përparësi si p.sh.ka
distancë më të madhe se STP dhe UTP. Është më i lirë se
kablli me fije optike dhe teknologjia është e mirnjohur. Kur
punojmë me kabllo me rëndësi është madhësia e tij.Sa më i
trashë të jetë aq më vështirë punohet me të.Përpara është
përdorur kablli koaksial me diametër vetëm 0,35 cm, që
quhet edhe " THINNET"në rrjetat ETHERNET,sepse ka
qenë më i lirë dhe më i lehtë për instalim,por për shkakë të

23

tokëzimit instaluesit i ikën kësaj, prandaj edhe nuk përdoret më në rrjetet ETHERNET,po ashtu nuk është rezistues ndaj zhurmës dhe nuk është lloj i kabllit që përdoret për kabllim horizontal.Shpejtësia dhe throughputi: prej 10 deri në 100 Mbps është shumë i lirë.Madhësia e mediumit dhe konektorit është mesatar, përdoret konektori BNC.Gjatësia max.e kabllit është 500m .

1.2.3.1.5 Fibri optik- është medium i rrjetit i aftë të përçoj transmetimet modulurar të dritës.Krahasuar me mediumet tjera rrjetore është shumë më i shtrenjtë, sidoqoft nuk është i ndjeshëm nga ndërhyrjet elektromagnetike dhe është i aftë të përpunoj të dhëna më tepër se çfardo lloji tjetër i mdiumit.Kablli optik nuk bartë impulse elektrike si llojet tjera të mediumeve që përdorin bakrin. Në vend të kësaj, sinjalet që paraqesin bitat konvertohen në rreze drite.

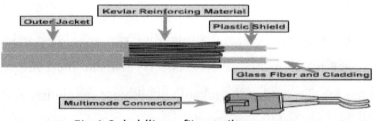

Fig.1.9. kablli me fije optike

Fijet optike që përdoren në rrjeta përbëhen prej dy fijeve të mbështjellura me këllef të ndara.Nëse prehet atëherë shohim se secila fije optike mbështjellet nga shtresa ose materiale

24

mbrojtës izolues,zakonishtë plastikë si mbështjellës i jashtëm.Shpejtësia dhe throughputi janë mbi 100 Mbps.Çmimi është shumë i shtrenjtë.Gjatësia max.e kabllit SINGLE MODE është deri në 3000m, ndërsa MULTIMODE drei në 2000m.Përparësia e fijes optike është sepse është shumë imun ndaj zhurmës dhe ndërhyrjeve të jashtme.Mangësitë e tij janë terminimi shumë i vështirë si dhe çmimi shumë i lartë.Përdoret kryesishtë konektori multimode.

1.2.3.1.6 Komunikimet pa tela-

Wireless Communication - Sinjalet "wireless"janë valë EM që mund të udhëtojnë nëpër vakum të hapesirës së jashtme dhe nëpër mediume si në ajër.Prandaj nuk kanë nevojë për medium fizik,sinjalet "wireless".Të gjitha valët udhëtojnë me shpejtësi të dritës në vakumm.WLANs (Wireless LANs) janë aplikacione për komunikime ëireless të të dhënave që janë të ndërtuara me standardet IEEE 802.11. WLANs përdorin radiovalët,mikrovalët dhe valët infra të kuqe për komunikim.

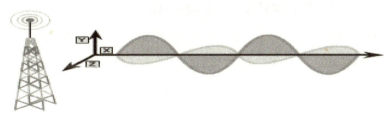

Figura.1.10. valët EM

25

Duhet theksuar se kabllo më e përshtatshme për lidhje të kompjuterëve në rrjet është kablloja me fije optike.Për lidhjen e LAN-it te ne më së shumti përdoren kabllot UTP, eventualisht STP.

1.2.3.2 Metodat për çasje të mediumit transmetues

Meqenëse,mediumi transmetues është i përbashkët duhet të krijohet rregulli (orari)për transmetim.Metodat e tilla duhet të rregullojnë kur dhe si duhet të dërgohet informata në mediumin transmetues, gjegjësishtë , mënyrën me të cilën duhet të ndahet kapaciteti i mediumit transmetues nga ana e stacioneve të lidhura në rrjetë.Çdo stacion për t'u kyçur në rrjetë duhet të respektojë protokolin e përbashkët.

Komiteti IEEE 802 ka definuar tri lloje të metodave të zënjes së mediumit transmetues:

- ♦ **CSMA/CD** (Standardi IEEE 802.3);
- ♦ **Token bus** (standardi IEEE 802.4);
- ♦ **Token ring** (standardi IEEE 802.5);

Standardi 802.3 e përcakton mënyrën e kryerjes së funksoneve të shtresës fizike dhe çasjen e mediumit transmetues të rrjetit BUS me protokolin CSMA/ CD.Ky standard është i përpiluar prej IEEE-së në bashkëpunim me XORX-in dhe përshkruan teknikat që përdoren në

26

implementimin e rrjetave LAN të tipit ETHERNET dhe atyre kompatibile.

Standardi 802.4 përdoret për rrjetin BUS me protokolin Token Passing.

Standardi 802.5 përdoret për rrjetin RING me metodën Token Passing, i përshkruan funksionet e nënshtresës së qasjes së mediumit transmetues dhe shtresës fizike.Shumica e rrjetave RING me protokolin token passing që prodhon IBM e përmbajnë standardin 802.5.

Ekzistojnë disa metoda të zënjes së mediumit transmetues në bazë të të cilave rrjetat komjuterike lokale identifikohen. Këto metoda varen nga konfiguracioni i rrjetit,mediumit transmetues dhe teknologjia e përdorur. Në praktikë, zbatim më të madh kanë gjetur këto metoda:

> ➤ Metoda e "konfliktit" (Conection method) e cila përdoret te rrjetat e konfiguracionit BUS,
> ➤ Metoda e bazuar në përcjelljen e shifres (token), e cila shfrytëzohet te rrjetat BUS dhe RING.

Metoda e "ndeshjes" paraqet një teknikë të thjeshtë.Principi themelor i punës bazohet në faktin se mediumi (BUS- i) është pasiv dhe çdo stacion që deshiron mund të transmetoj paketin.Nëse dy e më shum ëstacione përpiqen të dërgojnë informacione njëkohësishtë atëherë vije deri te ndeshja e paketave dhe ato humbin.

27

Mënyra e hetimit të ndeshjeve varet nga aftësia e stacioneve, gjegjësishtë njësive të tyre dirigjuese (BIU) që të bëjnë këtë dedektim.Pas dedktimit të ndeshjes, stacionet presin një kohë të caktuar para se të provojnë përsëri të dërgojnë paketin e njëjtë. Nga metoda e ndeshjeve janë krijuar dy teknika të reja.Teknika e parë bazohet në faktin se stacionet para se të dërgojnë paketin me informacione së parëi " dëgjojnë" se a ka paketë tjetër që transmetohet nëpër medium.Nëse njësia e stacionit vendos se mediumi është i lirë, atëherë transmetohet paketi i tij.Kjo metodë quhet zënje e shumë fishtë me hetim të bartësit-CSMA (Carjer Sense Multiple Access).Deri te ndeshja e informacioneve mund të vije vetëm atëherë kur dy stacione dërgojnë pakete brenda intervalit kohorë i cili është më i vogël sesa koha që nevoitet për përhapjen e sinjalit në mes njësive që komunikojnë.

Përsosja e mëtejme e teknikës CSMA mund të arrihet nëse stacionet "dëgjojnë" edhe gjatë kohës sa janë duke dërguar paketat e tyre.Kjo metodë njihet si zënje e shumëfsihtë me hetim të bartësit dhe zbulim të ndeshjes-CSMA/CD (CSMA With Collision Detection). Sa më i madh që të jetë numri i stacioneve, edhe numri i ndeshjeve do të jetë më i madh.Kjo zvogëlon efikasitetin e transmetimit.Me anë të teknikës CSMA/ CD, ndeshjet mund të dedektohen më shpejt dhe atë gjatë procesit të transmetimit të paketave.Kur të hetohet ndeshja e paketave të

28

gjitha stacionet të cilat kanë filluar të dërgojnë paketa menjëherë e ndërprejnë transmetimin.Pas ndeshjes secili stacion pushon një kohë të caktuar dhe pastaj prapë tenton të transmetoj,nëse kanali është i lirë. Metoda CSMA/CD shfrytëzohet të rrjeti ETHERNET.

Metoda e zënjes me përcjellje të shifrës mund të zbatohet te rrjetat me konfiguracion BUS apo RING.Esenca e metodës me përcjellje të shifrës bazohet në faktin që zënja të jetë e kontrolluar.Kur një stacion dëshiron të dërgojë paketin, ai së pari duhet të gjejë shifrën " i lirë", e shëndrron atë në shifrën " i zënë" dhe kësaj i shton paketin e vet me informacione. Në bazë të përcjelljes së shifrës janë zhvilluar disa metoda:

➤ Token ring- Te konfiguracioni unazë me përcjellje të shifrës,shifra
" i lirë" kalon nga një njësi aktive dirigjuese (RIU) e rrjetit në tjetrën. Kur njëra njësi, gjegjësishtë stacion, ka paketa për të transmetuar, e bënë këtë shifër " i zënë" dhe e dërgon tërë paketin me informacione deri te stacioni i ardhshëm.

Ekzistojnë disa versione të Token Ring-ut.

1. Një version që përdoret është ai i quajtur " single packet" sipas së cilit i tërë paketi me informacione qarkullon nëpër unazë derisa të vije te stacioni që e ka

dërguar, i cili e tërheqë paketin prej unaze dhe gjeneron shifrën " i lirë".

2.   Versioni tjetër   tek i cili nëpër unazë njëkohësishtë mund të ndodhen më tepër paketa, është versioni " multiple token" shifra e shumfisht. Çdo stacion (RIU), posa të përfundojë transmetimin e paketit gjeneron shifrën " i lirë" të cilin ja bashkangjet paketit.

3.   Version tjetër i token ring-ut është versioni i quajtur " multiple packet" disa paketa.

4.   Metodë e veqant e token ring-ut është ajo " sloted ring" ku një numër i caktuar i kornizave me gjatësi fikse qarkullon vazhdimisht nëpër unazë.

➤   Token bus - ekzistojnë dy teknika të zënjes së mediumit transmetues me përcjellje të shifrës, të cilat përdoren të rrjetat me konfiguracion bus.

1.   Te teknika e parë, paketa me informacione transmetohet në të dy kahet e magjistrales.Ndarja e shfrytëzimit të mediumit në mes stacioneve bëhet me përcjellje të shifrës së lirë të adresuar.

2.   Te teknika e dytë e token bus-it, paketi me informacione bartet vetëm në një kahë të mediumit,ashtu që nuk ka nevojë të adresimit të shifrës.

3.   Në analogji me teknikën slotted ring, është zhvilluar edhe teknika "slotted bus" për zënjen e mediumit transmetues me përcjellje të shifrës të konfiguracionit BUS. Rrjeti lokal që shfrytëzon këtë teknik është rrjeti FASNET.

30

1.2.3.2.1 Metodat e transmetimit LAN

Transmetimi i të dhënave në rrjet lokal (LAN) përmbahet në tri klasifikime:

unicast, multicast dhe **broadcast**. Tek secili tip i transmetimit një paket e vetme dërgohet te një ose më shumë stacione.

✓ **Transmetimi unicast-** një paket dërgohet nga burimi në destinacion nëpër

rrjet.Së pari nyja burimore adreson paketen duke përdorur adresën e nyjës destinuese. Paketa fillimisht dërgohet në rrjet dhe rrjeti e përciell paketin në destinacionin e duhur.

✓ **Transmetimi multicast**-konsiston në një paket të të dhënave që është kopjuar dhe dërguar te një nënbashkësi nyjesh në rrjet.fillimisht nyja burimore adreson paketen duke përdorur një adresë multicast. Paketa pastaj dërgohet në rrjet i cili bënë kopje të paketës dhe dërgon nga një kopje të secili nyje që është pjesë e adresës multicast.

✓ **Transmetimi broadcast**-konsiston në një paketë të të dhënave që është kopjuar dhe dërguar të të gjitha nyjet e rrjetit.Në këtë tip të transmetimit nyja burimore adreson paketin duke përdorur adresen broadcast.Pastaj paketa dërgohet në rrjet i cili bënë kopjimin e paketës dhe dërgon një kopje të të gjitha nyjet e rrjetit.

1.2.3.3   Komponentet harduerike të LAN-it

Paisjet të cilat më së shumti përdoren në rrjetat lokale (LAN) janë: **NIC, Transceiver, Repeaters, Hub, Bridge, Swithch, Gateway,Router.**

Paisjet që lidhen direkt në rrjetë (segmetin e rrjetës) quhen HOSTA.Hostat përfshijnë kompjuterët, të dy klientët dhe serverët,printerët, skanerët dhe shumë paisje tjera shfrytëzuese.Host paisjet nuk janë pjesë e asnjërës shtresë.Ato lidhen fizikishtë në mediumin e rrjetës përmes NIC kartelës .Hostat punojnë në shtatë shtresat e OSI modelit.

1.2.3.3.1   **NIC**-(Networ Interface card)-kartela e rrjetit është pllakë që mundëson komunikimin me rrjetë,që ndryshe quhet edhe LAN ADAPTER.NIC kartela instalohet

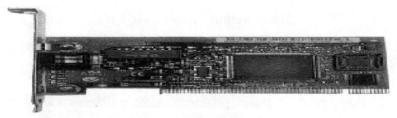

Fig.1.11 NIC kartela

32

në pllakën amë dhe përmes portës mundëson lidhjen në rrjetë. Kjo kartelë mund të jetë e dizajnuar si:ETHERNET CARD,TOKEN RING ose FDDI CARD. Kartela e rrjetës (NIC) komunikon me rrjetën përmes lidhjes serike dhe me kompjuterin përmes lidhjes paralele.Ajo siguron një interfejsë në medium.Këtë mund ta përdor secili nëpërmjet një transiveri të jashtëm (siç tregohet në fig në vazhdim)ose nëpërmjet një transiveri të integruar të brëndshëm në karten e rrjetit PCB.

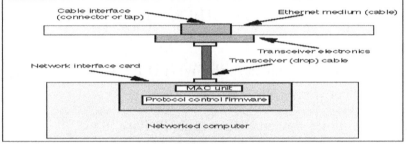

Fig. 1.12 NIC karta për lidhjen e nje PC ne rrjetin ethernet

Secila kartelë duhet të ketë (i nevoitet):

IRQ-(sinjali që e informon CPU që një ngjarje që i nevoitet përkushtim ka ndodhur)

o **I/O-**adresa (lokacion në memorje që përdoret që të fusim të dhënat dhe t'i nxjerrim ato) dhe

33

o **UPPER MEMORY ADDRESS-**(që të punojë me DOS ose windows 95/98) është lokacion në memorje në mes të 640Kb dhe 1Mb të RAM-it.

NIC kartelat konsiderohen si paisje të shtresës së dytë, sepse secila NIC karetlë kudo në botë ka kod unik, që quhet MAC adresë.Pra NIC kartela kontrollon qasjen e hostit në rrjetë dhe përmbnë kontrool protokolin muri i zjarrtë"firewalle".

Kur të zgjedhim kartelën e rrjetës duhet pasur parasyshë trre faktorë:

1. lloji i rrjetës (p.sh.ETHERNET,TOKEN RING OSE FDDI)
2. lloji i mediumit (p.sh.TWITED-PAIR,COAXIAL ose FIBER OPTIC CABLE)
3. lloji i sistemit BUS-it (p.sh. PCI ose ISA).

1.2.3.3.2 **TRANSCEIVERS**-janë kombinim i transmetuesve dhe pranuesve,që dmth. se ata e shëndrrojnë një form të sinjalit në formën tjetër .Një aplikim i zakonshëm

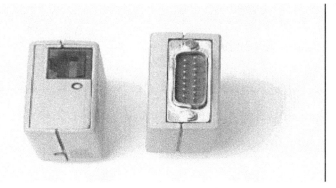

Fig.1.13 RJ-45 dhe portet AUI

është konvertimi i porteve AUI në portet RJ-45.Janë paisje të shtresës së parë dhe transmetojnë prej një pinkonfigurimi dhe/ose mediumi në tjetrin. Transiverët zakonisht ndërtohen në NIC, që janë tipik paisje të shtresës së dytë. Transiverët dhe NIC-ët quhen komponente sinjalizuese, që dmth.ato i kalojnë sinjalet në mediume fizike.

1.2.3.3.3 REPEATERS-(Repetitorët)- Një prej mangësive të kabllit CAT% UTP (i përdorur më së shumëti) është gjatësia e tij. Gjatësia max.e kabllit UTP në rrjeta është 100m. Për ta zgjatur rrjetën tonë përtej këtij kufiri duhet përdorur paisjea e quajtur REPEATER-Repetitor.Qëllimi i tij është që ta zgjasë sinjalin e rrjetës që t'i mundësoj të udhëtoj në distancë më të madhe në medium.Duhet pasur kujdes në rregullën "Four repeater rule"për Ethernet 10mbps,të njohur poashtu si "rregulla 5,4,3" kur i zgjasim segmentet e LAN-it.Rregulla thotë: mund t'i lidhmi 5 segmente të rrjetës skaj më skaj, duke përdorur 4 repetitor, ndërsa vetëm 3 segmente mund të ken hosta.

Repetitori i ka dy porta "IN" dha "OUT" dhe klasifikohet si paisje e shtresës së parë të OSI modelit, sepse punon vetëm me bita.

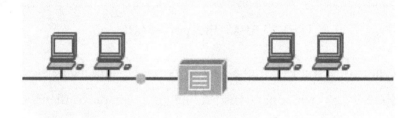

Fig. 1.15 Repetitori i cili i lidhë dy segmente te rrjetës

Mangësia e përdorimit të repetitorve qëndron sepse ata nuk mund ta filtrojnë trafikun rrjetor.Të dhënat (bitat) që arrijnë në njërin port të repetitorit, dërgohen jasht në të gjitha portet tjera, dhe kalon nëpër të gjitha LAN segmentet në rrjetë pa marrë parasyshë a duhet apo jo të shkojë.

1.2.3.3.4 HAB-i-(HUB)-Qëllimi i Habit është të

regjeneroj dhe zgjas sinjalin e rrjetës .Kjo bëhet në nivel të bitave në numër të madh të hostave (p.sh. 48 ose 24) duke përdorur proqesin të njohur si "koncentrim"

(Concentration).Definicioni i Habit është i ngjajshëm si i repetitorit prandaj edhe quhet MULTI - PORT-REPEATER.

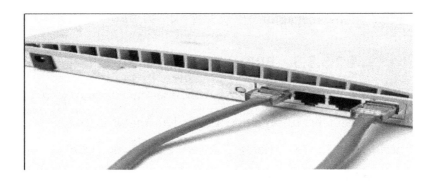

Fig.1.16 Multi-Port-Repeater

Dallimi qëndron në numrin e kabllove që do të lidhen në këtë paisje.Dy arsye për përdorimin e Habit janë për të krijuar një pikë qëndrore lidhëse për medium të telave, dhe për ta rritur efikasitetin e rrjetës.Habat konsiderohen si paisje te shtresës së parë, sepse ata vetëm regjenerojnë sinjalin dhe e dërgojnë si broadcast në të gjitha portat dalëse.Në rrjeta Habat

37

klasifikohen në disa mënyra.Njëra mënyrë e klasifikimit është **Haba akitv** ose **pasiv**.Habat modern janë aktiv-sepse marrin energji nga burimi per t'i regjeneruar sinjalet.Habat pasiv nuk i regjenerojnë bitat kështu që nuk e zgjasin gjatësin e kabllit, por vetëm lejojnë dy ose ma tepër hosta të lidhen në të njejtin segment të kabllit.Ekziston edhe një ndarje tjetër e habit: habi intelegjent dhe habi i marrë.Të parët mund të programohen që ta rregullojnë trafikun në rrjetë, ndërsa habat e marrë "dumb" e marrin sinjalin në hyrje dhe e përsërisin në të gjitha portat, pa mundësi që të bëjnë ndonjë menagjim.

1.2.3.3.5 BRIDGES-(URAT)-Ura i lidh segmentet e rrjetës dhe duhet të marrë vendime intelegjente se a ta përcjell sinjalin te segmenti tjetër. Ura mund ta përmirësoj performancën e rrjetës, duke eleminuar trafikun e parëndësishëm (pa nevojshëm) dhe duke minimizuar shansat për ndeshje.Ura e ndan trafikun në segmente dhe e filtron atë bazuar në stacion ose MAC adresë.Nuk janë paisje të komplikuara .Ato i analizojnë frejmat që vijnë, dhe marrin vendime përciellëse bazuar në informatat që përmbanë frejmi, dhe i përcjell frejmat deri të caku.Urat kujdesën vëtëm për dërgimin e paketave ose mos dërgimin e tyre, bazuar në MAC adresat e tyre të cakut.Urat shpeshë i përcjellin paketat ndërmjet rrjetave duke operuar nën protokole të ndryshme të shtresës së dytë.

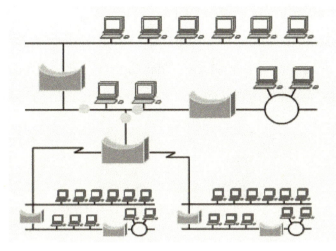

Fig.1.17.-Përdorimi i urave për lidhjen e rrjetave të dryshme

Ekziston një problem kur përdorim urat, dhe kjo ndodhë kur ato përcjellin informacione tek të gjitha paisjet në rrjetë.Nëse shumë informacione dërgohen në rrjetë,mund të ndodh "broadcast strom", i cili mund të shkaktoj "Network-Time-Outs", ngadalsim të trafikut dhe e bënë që rrjeta të operoj me performanca më të vogla.

1.2.3.3.6   SWITCHES-Shpërndarja (switching) është teknologji që lehtëson pengesat në Ethernet LAN duke reduktuar trafikun dhe duke rritur brezin frekuencor.Switch-at që po ashtu referohen si LAN Switches shpesh i zëvendësojn habat dhe punojnë me infrastruktur ekzistuese të kabllove.

Sikurse urat edhe swichat lidhin segmente LAN, përdorin MAC adresë tabelën për të caktuar segmentin në të cilin duhet të transmetohet "datagram-i" dhe redukon trafikun.Switchat opërojnë me shpejtësi shumë më të madhe se sa urat.

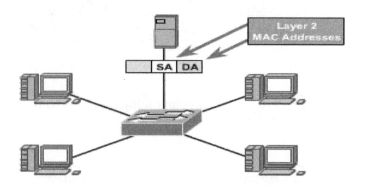

Fig.1.18 LAN switch-i

LAN switch-at konsiderohen si Multi-Port-Bridge with no Collision Domain (si ura shumë portëshe pa zonë të ndeshjes),për shkak të MikroSegmentit.LAN switchat e rrisin brezin frekuencor të mundshëm në rrjetë duke krijuar segmente të dedikuara të rrjetës ose "Point-To-Point Connection".Edhe pse LAN switch-i e redukon madhësinë e domenit të ndeshjeve,të gjithë hostat e lidhur në switch ende janë në të njejten zonë transmetimi,dhe prandaj transmetimi

40

prej një nyje mund të shihet nga të gjitha nyjet tjera që lidhen përmes LAN switch-it.

Switchat janë paisje të shtresës së dytë, si edhe urat që mundësojnë shumë LAN segmente fizike të lidhen në një rrjetë të vetme të zgjeruar.Ngjajshëm me urat, switch-at e përcjellin dhe e shpërndajnë trafikun bazuar në MAC adresat.Secili port i switch-it vepron si urë e ndarë dhe i jep brezë frekuencor të plotë mediumit të secilit host.

1.2.3.3.7   ROUTERS-(Ruterat)- ruteri është një sistem ndërmjetësues (IS) i cili operon në shtresën e rrjetit të modelit referent OSI.Ruterat mund të përdoren për lidhjen e dy ose më shumë rrjetave IP ose një rrjetë IP ta lidhë në Internet.Secila rrjetë duhet të ketë numër unik të rrjetës që rutimi të jetë i sukseshëm.Ky numër është i inkorporuar në IP adresën që i caktohet sëcilës paisje të lidhur në rrjetë.

41

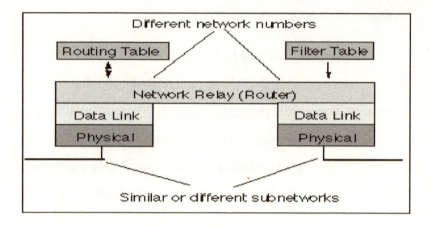

Fig.1.19 Arkitektura e ruterit

Lidhja e ruterit në rrjet quhet interfejsë (interface), që mund të referohet si port.

Ruterat përdorin skemën adresuese të shtresës së tretë për të marrë vendime përcjellese.Ata përdorin IP adresat (LOGJIKE) dhe jo MAC adresat.Pasi që IP adresat implementohen në softëare dhe referojnë në rrjetën në të cilën gjendet paisja,nganjëherë këto adresa të shtresës së tretë referohen si Protokol adresa ose Adresë Rrjeti.

Ruterat përdoren gjithashtu për t'i lidhur së bashku rrjetat të cilat përdorin tipe të ndryshme të lidhjeve (p.sh.lidhja HDLC duke lidhur një WAN në një Ethernet Lokal LAN).Maksimumi i gjatësisë së paketave (MTU) është i ndryshëm për tipe të ndryshme të rrjetave.Ruteri

42

megjithatë mund të përdor IP adresat për të bërë segmentimin e paketave në tabela të madhësive të përshtatshme për transmetim në rrjetë.Ruteri ka aftësi të marrë vendime intelegjente në lidhje me rrugën më të mirë për shpërndarje të të dhënave në rrjet.

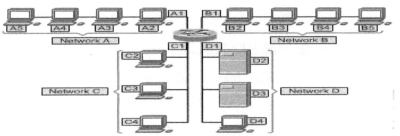

Fig i.20 Lidhja e rrjetave përmes ruterit

Me një fjalë ruterat janë paisjet më të rëndësishme për rregullimin e trafikut në rrjeta të mëdha.Ata lejojnë cilindo kompjuter të komunikojë më ndonjë kompjuter tjetër kudo në botë.

2 TOPOLOGJITË E RRJETAVE LOKALE-LAN

Topologjia definon strukturën e rrjetës.Janë dy pjesë të definicionit të topologjisë: **topologjia fizike** dhe **logjike.**

2.1 Topologjia fizike -(që eshtë shtrirja e telave ose mediumit) përmbahet në:

❑ Topologjinë BUS,e cila përdor një kabëll, ku të gjithë hostat lidhen direkt.

❑ Topologjinë RING, e cila lidhë një host në tjetrin dhe hostin e fundit në të parin.Kjo krijon një rreth fizik të kabllës.

❑ Toplogjinë STAR,e cila lidhë të gjitha kabllot në një pikë qëndrore.Kjo pikë zakonisht ështe HUB ose SWITCH.

❑ Topologjinë Extended STAR, e cila përdor topologjinë STAR për tu krijuar.I lidhë të gjithë STAR-at së bashku duke i lidhur HUB-at ose SWITCH-at.

❑ Topologjinë TREE,e cila është një përgjithësim i topologjisë BUS

❑ Topologjinë HIRARKIKE, e cila krijohet ngjajshëm si Extended STAR por në vënd që t'i lidhë HUB-at ose SWITCH-at bashkë,sistemi lidhet në kompjuterin që e kontrollon trafikun në topologji.

❑ Topologjinë MESH, e cila përdoret që absolutisht të mos ketë ndërprerje në komunikim.Secili host ka lidhjen e vet me hostat tjerë.Kjo reflekton dizajnimin e Internetit, i cili shumë rrugë për çfardo lokacioni.

2.2 Topologjia logjike-(që definon se si mediumi është i qasur nga hostat) pra

është topologjia që tregon se si komunikojnë hostat nëpër medium.Dy lloje më të shpeshta të topologjisë logjike janë: **BROADCAST** dhe **TOKEN PASSING**.

❑ Toplologjia Broadcast-që dmth.secili host dërgon të dhëna të të gjithë hostat tjerë në mediumin e rrjetës.Nuk ekziston rregull që stacionet duhet t'i përmbahen për ta shfrytëzuar rrjetën.,ipari që vjen i pari shërbehet(first come, first serve).Kështu punon ETHERNET-i.

❑ Topologjia Token Passing- kontroolon rrjetën, pra qasjen në rrjetë duke ia dhënë çdo hostit radhazi një elektonik token (shifër elektronike).Kur hosti pranon shifrën kjo dmth. Se ai host mund të dërgojë të dhëna në rrjetë.Nëse hosti nuk ka të dhëna për të dërguar, ia jep shifrën tjetrit host me radhë dhe kështu përseritet proqesi.

Duhet të theksohet se prej topologjive fizike më të përdorura janë: Ethernet,Token Ring,dhe Star.

2.1.1 Topologjia Ethernet-Në rrjete Ethernet,

të gjitha nyjet, qofshin këto klientë apo servera, janë të lidhura në LAN si degëzime të një linje të përbashkët (fig.2.1).Prandaj, shpesh, ky lloj rrjeti quhet edhe rrjeti BUS (rrjeti magjistrle).Çdo nyje, ka një adresë të vetme.Karta e rrjetit, e instaluar në secilin nga nyjet (PC-të),dëgjon nëse ka sinjale që transmetohen nëpër rrjet. Nëse nuk ka sinjale që po

45

transmetohen,atëherë karta dërgon sinjale, nëpërmjet transmetuesit të vet, në të dyja krahët e linjës. Këto sinjale, që mbartin mesazhe,arrijnë të të gjitha nyjet (PC-të) e lidhura në rrjet.Mesazhet që transmetohen përmbajnë: adresat për ku janë destinuar dhe prej nga vijnë të dhënat, informacionin që përdoret për kontollin e gabimeve, si edhe vetë të dhënat.

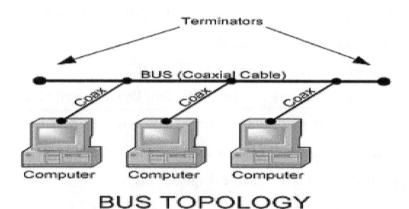

Fig.2.1 Topologjia bus

Çdo nyje, përgjatë linjës **bas,** nëpërmjet kartës së vet, nga tërësia e informacionit që përmbajnë mesazhet që nuk i adresohen asaj nyjeje, injorohen.Kur një nyje detekton adresën e vet në mesazhet që kalojnë, ajo i lexon të dhënat e mesazhit, kontrollon pëe gabime dhe i dërgon një konfirmim dërguesit, duke përdorur adresën që lexon në mesazh.

46

2.1.2 Topologjia Token Ring- Në rrjete e tipit **token-ring**, të gjitha nyjet janë lidhur në të njëjtin qark, që ka formën e një laku.Nëpër lak qarkullon vazhdimisht një *"token"*,që është një mesazh i shkurtër (një shenjë).Ky mesazh në qarkullim kur vjen tek karta e adaptorit *"token-ring",*të cilën e ka secila nyje, lexohet prej saj (fig.2.2).Nyja ,e cila don të dërgojë një mesazh,e rrëmben *"token"* kur ky kalon pranë sajë.Ajo ia ndryshon kodin binar *token*-it për të treguar që është në përdorim dhe i shton atij mesazhin, adresën ku don ta çojë atë mesazh, si dhe kodin e kontrollit të gabimeve.Vetëm një mesazh lejohet të qarkullojë në të njejtën kohë nëpër rrjet.Çdo nyje përmban edhe një repetitor që i regjeneron mesazhet, pasi sinjalet elektrike që ato mbartin mund të dobësohen me kohën.

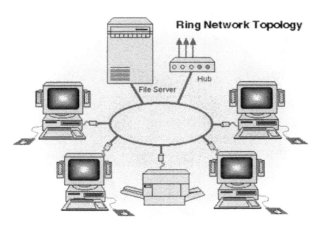

Fig.2.2 Toplogjia e rrjetit Ring

Çdo nyje inspekton mesazhin që qarkullon për të parë nëse ai ka adresën e saj. Nyja të cilës i adresohet mesazhi, bën një kopje të mesazhit dhe e lë të qarkullojë.Kur mesazhi kthehet tek nyja që e ka nisur, ajo fshin atë dhe e rivendos kodin binar të *"token-ring"* ashtu siç ishte para se ti ngjiste mesazhin e vet.Në këtë mënyrë rrjeti kthehet në gjendjen ku çdo nyje mund të transmetojë.

2.1.3. Topologjia Star- Në rrjetet LAN të tipit **star** (yll), nyjet janë lidhur me linja të veçanta, të cilat dalin nga i njëjti *hub* (stacion qëndror). **Habi** kyç dhe shkyç lidhjen me njërën apo tjetrën linjë (fig.2.3.).

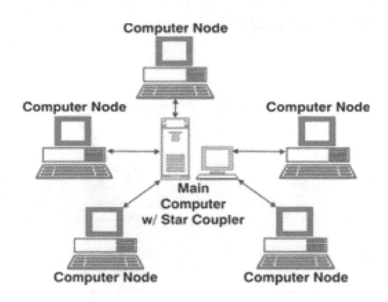

Fig. 2.3 Topologjia Star (yll)

48

Çdo nyje mund të dërgojë mesazhe drejt **habit**. Nyjet që nisin njëkohësisht mesazhe mund të jenë më shumë se një. Mesazhet përmbajnë adresën e nyjes ku duhet të shkojë mesazhi, të dhënat dhe kodin e kontrollit të gabimeve.Habi i kthehet secilës prej nyjeve, vazhdimisht, dhe , duke kyçur e shkyçur komunikimin me to, mënjanon përplasjen e mesazheve me njëri tjetrin. P.sh. hap komunikimin me njërën nyje, duke futur një pjesë të mesazhit në rezervuarin e vet dhe, duke hapur komunikimin me nyjen ku adresohet mesazhi.Por, që rrjeti të mos monopolizohet vetëm nga nyja me të cilën është hapur komunikimi, habi lejon të kaloj vetëm një pjesë e vogël e mesazhit njëherësh. Pastaj, mbyll komunikimin me nyjën e sipër përmendur (vazhdimi i mesazhit të kësaj nyje rri në pritje për të hyr në Hab) dhe hap komunikimin me një nyje tjetër që dergon mesazh dhe me nyjen për ku drejtohet ky mesazh.Dhe procesi vazhdon në mënyrë të tillë që habi ta qarkullojë komunikimin radhazi, nëpër të gjitha nyjet e lidhur me të.

Gjithashtu duhet të theksohet se në kohët e fundit është shumë aktuale edhe një topologji e quajtur **topologjia celulare**. Kjo topologji përbëhet nga zonat rrethore ose gjashtë këndëshe, ku secila prej tyre ka nyje individuale në qendër.

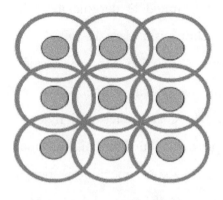

Fig.2.4 .Topologjia celulare

Topologjia celulare është zonë gjeografike që është e ndarë në regjione (rrathë) për shkak të teknologjisë " WIRELEES".Nuk ka linqe fizike por vetëm valë EM. Përparësia e kësaj topologjie është se nuk ka medium konkret(te prekshëm) tjetër përveç atmosferës së tokës ose vakumit.Mangësitë janë se sinjalet janë prezente kudo dhe janë të ndieshme për njerëz, paisje, ambient.

3. MËNYRAT E REALIZIMIT TË RRJETAVE LAN

3.1. Dizajnimi i LAN- it

Dizajnimi i një rrjeti mund të jetë një detyrë sfiduese dhe përfshinë më tepër se vetëm lidhjen e kompjuterëve së bashku. Një rrjetë kërkon shumë veqori në mënyrë që të jetë funksional dhe i arsyeshëm. Për të dizajnuar një rrjet të

50

sigurtë , rrjet të qëndryeshëm, dizajnerët e rrjetit duhet të realizojnë rrjetin duke pasur parasyshë që secila prej komponenteve kryesore të një rrjeti ka nevojat e veçanta të dizajnimit. Megjithatë një rrjetë që konsiston në vetëm 15 nyje mund të sjell probleme komplekse që çojnë në rezultate të paparashikueshme. Projektet për dizajnim dhe ndërtim të rrjetave që përmbajnë mijëra nyje mund të sjellin edhe më shumë probleme komplekse. Hapi i parë në dizajnimin e një LAN-i është të tregoi dhe dokumentoj qëllimet e dizajnimit. Këto qëllime janë të veçanta për secilën organizatë ose situatë.Megjithatë kërkesat në vazhdim tregojnë rrugën e dizajnimit të shumicës së rrjetave.

❖ Funksionalitetin- Rrjeti duhet të punoj.Pra ai duhet t'u lejojë përdoruesëve të plotësojnë kërkesat e punës së tyre.Rrjeta duhet të mundësoj lidhjen përdorues-përdorues dhe përdorues-zbatim me shpejtësi të arsyeshme dhe siguri.

❖ Scalability- Rrjeta duhet të jetë në gjendje të rritet, pra rrjeta duhet të lejoj rritjen pa ndonjë ndryshim kryesor të dizajnimit në përgjithësi.

❖ Adaptueshmëria- Rrjetat duhet të dizajnohen në pajtueshmëri me teknologjitë e reja, dhe nuk duhet të përfshijë elemente që do të lemitonin implementimin e teknologjisë së re.

❖ Arsyeshmëria- Rrjeta duhet të jetë e dizajnuar për lehtësimin e monitorimit të rjetës dhe menagjimin për të siguruar stabilitetin e vazhdueshëm të veprimit.

3.2   Mënyrat e realizimit të rrjetave të para LAN

Rrjeti i parë LAN i cili është realizuar është rrjeti ETHERNET.Ethernetin e parë eksperimental e kanë ndërtuar Robert Metcalf dhe David Boggs në Dalto Alto Research Center (SHBA) në vitin 1976. Emri Ethernet, sipas autorve,u muar nga: Luminiferous Ether që d.m.th.eteri dritëpëecjellës.Topologjia e këtij rrjeti është Bus ndërsa qasja e mediumit transmetues bëhet sipas metodës CSMA/CD.Rrjeti i parë eksperimental ka pasur këto karakteristika:

➢ numri i stacioneve të kyçura në rrjetë ka qenë 100 me mundësi zgjërimi deri në 256;

➢ gjatësi e mediumit transmetues (kabllit koaksial) ka qenë 1 km;

➢ paketat kanë qenë me gjatësi variabile;

➢ shpejtësia e transmetimit të informacioneve ka qenë 3Mb/s.

Etherneti i parë eksperimental përbëhej prej këtyre pjesëve:Mediumit transmetues,i realizuar përmes kabllos pasive,Transceiverit,Interfejsit,Kontrollerit.

Një prej përparësive më të mëdha të rrjetave Ethernet është ekzistimi i standardeve komerciale dhe interfejsave komercial.Kjo e ka bërë të mundshëm përdorimin e gjërë të Ethernetit si rrjet LAN.

Pas rrjetit Ethernet ideja për një rrjet tjetër për herë të parë është paraqitur në SHBA,e pastaj,kjo ide është zhvilluar paralelisht në Universtetin e Kembrixhit në Britaninë e madhe.Ky rrjet kompjuterik ring njihet me emrin Kembrixh ring.Stacionet te ky rrjet lidhen në mediumin transmetues përmes repetitorve,ndërsa repetitorët lidhen në mes veti në unazë.Transmetimi bëhet vetëm në një kahë dhe informacioni është i organizuar në minipaketa me gjatësi fikse.Në rrjetin kembrixh mund të lidhen më së shumti 254 stacione.Për medium përdoret kablloja dhe çifti i përçuesve që mundësojnë komunikim të sigurtë me shpejtësi 10Mb/s.

Rrjeti tjetër lokal i cili mundësoj integrimin e edhe të dhënave dhe të folurit është rrjeti lokal FASNET i cili bën pjesë në grupin e rrjetave BUS.Linku themelor përbëhet prej dy linjave që mund të jenë kabëll koaksial apo kabëll optik.Këtu stacionet lidhen dyfishë ku njëra lidhje shërben për leximin e informacionit e tjetra për shkrim.Të këto rrjeta është mundësuar transmetimi i kombinuar i të dhënave dhe të folurit.

3.3   Konfigurimi i rrjetit LAN

Për ta realizuar ose për ta konfigurar një rrjet LAN ekzistojnë metoda të ndryshme,të cilat përfshinjë:

- Përdorimin e një hab rrjeti për lidhjen e kompjuterve në një ADSL modem.
- Instalimin shtesë të kartave të rrjetit në një kompjuter dhe lidhjen me kompjuterin tjetër dhe ADSL modemin të këta kompjuter.
- Përdorimin e një ruteri/fajëruolli për lidhjen e shumë kompjuterve në të dhe si ADSL lidhje.

Në vazhdim do të paraqesim mënyrat e konfigurimit të një rrjete të thjeshtë e cila mund të shërbej si një rrjetë për shtëpin tuaj ose si një rrjetë për një organizatë punuese të vogël.

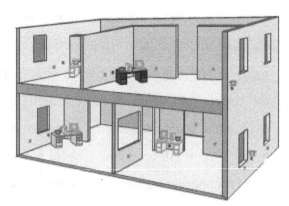

Fig. 3.1-Realizimi i një LAN-i brenda një objekti

54

3.3.1 Konfigurimi i LAN-it tuaj duke përdorur një hab rrjeti apo ruter

Për ta konfiguruar një rrjet e cila përdor një hab rrjeti apo ruter juve ju nevojitet materiali si në vazhdim:

- 1 10/100 Ethernet hab shumë portësh apo ruter
- 10/100 karta Ethernet dhe draiver të diskut për secilin kompjuter
- kabllot Ethernrt RJ-45 të kategorisë së 5-të
- kabëll të kryqzuar (nëse habi nuk ka port up-link)

Nëse një komjuter është i gatshëm që të lidhet në Internet instalohet dhe konfigurohet karta e rrjetit në kompjuterin e dytë.Pastaj ndiqen të gjitha porositë e siguruara prej prodhuesit të kartes së rrjetit duke përdorur draiverët.

❑ Lidhet ADSL modemi, kompjuterët dhe habi i rrjetit apo ruteri siç ilustrohet në figurën 3.2.

❑ Nëse habi i juaj ka një port up- link të brendshëm apo ruteri i juaj ka një WAN port përdor një kabëll straight through RJ -45 të zakonshëm për lidhjen e ADSL modemit prej habit.

❑ Habet pa port up-link kërkojnë një kabëll speciale cross over për lidhjen e ADSL modemit në portin e parë të habit.

55

❑ Lidhen kompjuteri primar dhe kompjuterët sekundar në portet individuale duke përdorur standardet, kategorinë e pestë, kabllin Ethernet RJ -45.

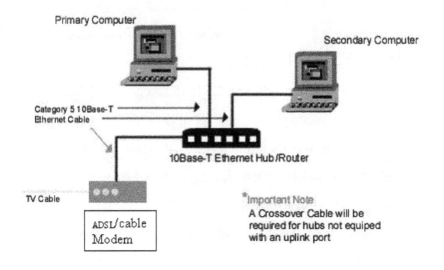

Fig .3.2-Kyqja e kompjuterve nëpërmjet një habi/ruteri

Konfigurimi i kompjuterit të dytë bëhet duke përdorur hapat e bërë në sistemin primar.Duke pasur parasushë faktin që rrjetet sot projektohen për tu kyqur në Internet sygjerohet që të instalohet një fajëruoll si masë mbrojtëse në rastet e përdorimit të ndonjë failli ose printeri ndarës në rrjetin tuaj të brendshëm,duhet të theksohet se printeri ndarës duhet tësigurohet me password në pajtim me mbajtjen e sigurisë së rrjetit.

3.3.2 Konfigurimi i LAN-it me dy karta rrjeti në një kompjuter

Për konfigurimin e rrjetit LAN me dy karta rrjeti në një kompjuter janë të nevojshme këto materjale:

- Karta e dytë e rrjetit dhe drajverët për kompjuterin tuaj primar
- Njw kartë rrjeti dhe drajverët për kompjuterin tuaj të dytë
- Kategoria e pestë e RJ -45 Ethernetit

Në këtë rast kompjuteri i juaj primar kërkon një kartë të dytë të rrjetës të konfiguruar në pajtim me specifikimet e prodhuesit.Kornizat origjinale DHCP për kompjuterin kryesor vazhdojnë të jenë të njëjta. Instaloni një çip (stack) të ndarë të TCP/ IP-së për kartën e dytë të rrjetit. Instaloni kartën e rrjetit në kompjuterin vijues duke përdorur drajverë e caktuar nga prodhuesi.Përsëri përdoren kornizat standarde DHCP për karten e rrjetit.

Lidhet kompjuteri kryesor, kompjuteri i dytë dhe ADSL
modemi siç tregohet në fig.3.3.

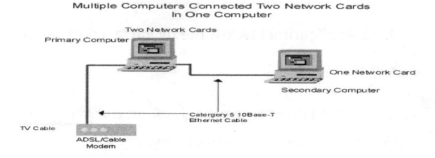

Fig. 3.3.Lidhja e kompjuterve të ndryshëm në kompjuterin
me dy karta rrjeti

Në rast se duam të lidhim më tepër kompjuterë në një rrjetë
atëherë përdorim një switch.Ndarës dhe një modem për të
lidhur rrjetën në internet.Gjithashtu përdorim një ruter /
fajëruoll që të jemi të sigurtë që switchi ka lidhur të gjithë
kompjuterët dhe ruterin së bashku.

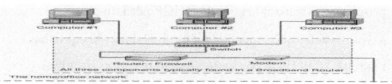

Fig.3.4-Lidhja e kompjuterve për mes switch-it

4.   PROTOKOLLET E KOMUNIKIMIT

Kompjuterët e lidhur në rrjet komunikojnë në mes
veti në bazë të disa procedurave (rregullave) të definuara

58

mirë të cilat quhen *protokolle të komunikimit*. Ekzistojnë protokolle të ndryshme të cilat u janë përshtatur kompjuterëve, rrjetave dhe topologjive të ndryshme. Në mënyrë që zbatimi i tyre të jetë më i lehtë, ato organizohen nëpër shtresa (nivele) ku secila shtresë kryen funksionet e veta, të cilat janë të pavarura nga shtresat tjera.

Protokolli përcakton:

- ❑ mënyrën e vendosjes, mbajtjes dhe ndërprerjes së lidhjes, kahjen e dërgimit të të dhënave dhe mënyrën e punës së subjekteve që komunikojnë;
- ❑ formatizimin e të dhënave që shkëmbehen (blloqet , kornizat, paketat);
- ❑ rregullat e dirigjimit për këmbimin e informacioneve.

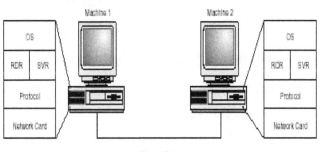

Fig 4.1 -Komponente të ndryshme të përfshira në rrjet

Komponentet e e ndryshme të përfshira në rrjet të cilat janë treguar në Figurën 4.1 janë definuar më poshtë:

59

- **OS.** Ky është sistemi operativ; apo me hollësishtë është interfejs i shfrytëzuesit të cilën e shfrytëzoni që të lidheni me kompjuterët tjerë në rrjet.

- **RDR.** Ridrejtuesi i merr kërkesat për qasje burimore dhe nëse është e nevojshme i dërgon kërkesat në rrjet. Ridrejtuesi (apo klienti) mund të komunikoj vetëm me serverin i cili mund ta kuptoj këtë komunikim, apo me të cilin e ka një kornizë të përbashkët referuese.

- **SVR.** Komponentet e serverit i pranojnë dhe i shërbejnë kerkesat nga ridrejtuesi.

- **Protokolli.** Kërkesat prej ridrejtuesit dhe përgjegjet nga serveri enkapsulohen në protokollin transportues. Protokolli (sikurse TCP/IP) i gjenë kompjuterët tjerë dhe i lëviz të dhënat drejt paisjes destinuese.

- **Kartela e rrjetës.** Protokolli punon me kartelën e rrjetës që në mënyrë fizike ti dërgoj të dhënat në kompjuterin tjetër.

4.1 TCP /IP

TCP/IP është një seri standarde e protokolleve e dizajnuar që të mundësoj rrugëtimin, të jetë e fuqishme dhe funksionalisht efikase. TCP/IP fillimisht është dizajnuar si një set i protokolleve të rrjetave globale (WAN) për qëllime urgjente të mirëmbajtjes së linjave të komunikimit si dhe transferit të të dhënave ndërmjet vendeve me rastin e ngjarjes së luftës nukleare apo bomës atomike. Qysh nga kjo kohë zhvillimi i protokolleve është lejuar nga duart e ushtrisë, dhe kan qenë përgjegjësi e bashkësisë së Internetit.

Evaluimi i këtyre protokolleve nga një projekt i vogël në themelimin e Internetit global ka qenë i jashtëzakonshëm. Qysh prej atyre viteve, e gjithë puna dhe modifikimet që janë bërë në serinë e protokolleve, idetë e trashëguara nga specifikimet origjinale ende janë të paprekura (pacenuara) .

Pasi që TCP/IP është zhvilluar nga Departamenti i Mbrojtjes së SHBA (DoD), ai nuk ishte në domenin publik. Kjo do të thotë që bashkësia e Internetit si tërësi vendos se a do të jenë të vlefshme ndryshimet e veçanta apo implementimi. Megjthqë kjo e ngadalëson implementimin e

61

tipareve të reja, garanton që ndryshimet janë menduar mirë dhe janë kompaktibile me implementimet e tjera të TCP/IP. Definimi i tipareve (hollësive) të reja, të cilat janë në dispozicion në Internet, tregojnë hollësisht se si duhet përdorur dhe implementuar seritë e protokolleve.

4.1.1 Rëndësia e TCP / IP

Megjithëse OSI modeli referent është i njohur si model universal, teknikisht dhe historikisht standart i hapur i Internetit është Transmission Control Protocol / Internet Protocol (TCP/IP). TCP/IP modeli referent dhe TCP/IP protokolli, mundësojnë komunikimin e të dhënave mes dy kompjuterëve, kudoqoftë në botë, pothuajse me shpejtësi të dritës. TCP/IP modeli ka një rëndësi historike, sikurse standartet qe kanë mundësuar telefoninë, rrymën elektrike, hekurudhat, televizionin, si dhe lulëzimin e industrive të videokasetave.

Departamenti i Mbrojtjes i SHBA (DoD) e krijoi TCP/IP modelin referent, për arsye se kishin nevojë për një rrjet e cila do të mbijetonte në çdo gjendje, madje edhe nga lufta nukleare. Për ilustrim më të hollësishëm, mund ta imagjinojmë botën në luftë, të kryqëzuar nga lloje të ndryshme të lidhjeve: me tela, mikrovalore, fije optike dhe lidhje satelitore. Mandej të imagjinojmë se kemi nevojë për rrjedhjen e informatave / të dhënave (në formë paketore), pavarësisht nga gjendja e cilës do nyje të veçantë apo rrjete në një (Internetëork) rrjet interne e cila në këtë rast ka mundur të jetë shkatërruar nga lufta. Departamenti i mbrojtjes kërkonte që paketat të depërtojnë në çdo kohë, në çfardo kushte, nga nje vend (pikë) në vendin tjetër. Ishte ky një problem i vështirë i dizajnimit i cili rezultoi në krijimin e TCP/IP modelit, dhe i cili që nga ajo kohë mbetet standarti me të cilin u zhvillua Interneti.

Protokolli i kontrollit te transmetimit / Protokolli i Internetit (TCP/IP) u shfaq si protokoll standart jo vetëm për kompjuterët në rrjet por edhe për kompjuterët (me modem) të cilët kanë qasje në Internet. Ishte pjesë e eksperimentit i cili e krijoi ARPANET-in, i cili siç e dim më vonë u shëndrrua në Internet.

Kryesore për TCP/IP duhet të dihet se është rrugëtore (routalble), e saktë (scalable), bënë lidhjen e sistemeve përmes FTP (File Transfer Protocol) dhe Telnetit, dhe është i dizajnuar për përdorim në rrjetat globale (ose Internet).

4.1.2 Veçoritë themelore të TCP/IP protokolleve

TCP/IP është një revolucion për të cilën industria e kompjuterëve ka pas nevoje qysh moti, megjitatë TCP/IP ka

63

arritë një popullaritet të madhë te Interneti qe ta themeloj implementimin e shtrirjesë së gjërë.

TCP/IP seria e potokolleve është e pranur si standarde për shkak të lehtësive të cekura më poshtë:

❖ pavarësia nga tipi i paisjeve të kompjuterit, pavarësia nga prodhuesi, gjë që mundëson lidhjen e rrjetave me karakteristika të ndryshme

❖ pavarësia nga tipi i pasijeve të rrjetës në shtresën fizike dhe mediume transmetues, që mundëson integrimin e tipeve të ndryshme të rrjetave (Ethernet – që përdoret për ndërlidhje të kompjuterëve në magjistrale, apo Token ring – që përdoret për lidhje të kompjuterëve në unazë etj)

❖ mënyra e thjeshtë e adresimit e cila mundëson lidhjen dhe komunikimin e të gjitha pajisjeve të cilat i përkrahin protokollet TCP/IP pa marrë parasysh në tipin e pajisjes ose madhësisë së rrjetit

❖ protokollet e standardizuara të shtresave të larta të modelit komunikues, që mundëson përdorimin e lartë të shërbimeve të rrjetit.

❖ TCP/IP ka ngarkesë më të ulet se sa protokollet tjera, çka lejon që të ndërtohen shumë rrjeta të gjëra.

❖ TCP/IP është e besueshme dhe ka një mekanizëm efikas të shprëndarjes së të dhënave.

64

❖ TCP/IP është e standartizuar për implementimin e platformave të ndryshme, duke mundesuar që TCP/IP të dërgoj të dhëna mes sistemeve kompjuterike të cilat veprojnë me sisteme operative te ndryshme, nga kompjuteret deri te mainframat dhe pothuajse te çdo pjesë tjetër në mes.

❖ TCP/IP ofron një skemë të thjeshtë të adresimit nëpër të gjitha platformat e sistemeve operative.

4.2 Arkitektura e protokolleve TCPI/IP

TCP/IP modeli përbehet prej katër shtresave:

- shtresa e qasjes së rrjetës
- shtresa e Internetit

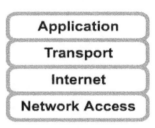

Fig.4.2 - Modeli i TCP/IP

- shtresa e transportit
- shtresa e aplikacionit

Secila shtresë nuk do të thotë se përmban vetëm një protokoll, por mund të përmbaj një numër të madh të protokolleve nga të cilat secila definon dhe realizon funksionin e caktuar.

65

Për dallim nga OSI (Open System Interconnection) modeli i cili i ka shtatë shtresa, modeli TCP/IP definon disa funksione të modelit komunikues në katër shtresa.

Është e rëndesishme të ceket se disa shtresa në TCP/IP modelin i kanë emrat e njejtë sikurse shtresat në OSI modelin. Mirëpo nuk duhet t'i ngatërrojmë, për arsye se shtresa e apikacionit kryen funksione të ndryshme në secilin model.

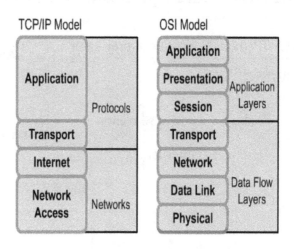

Fig. 4.3. – Krahasimi i TCP/IP dhe OSI modelit

Shtresat e protokolleve janë sikurse një grumbull i blloqeve të një ndërtese të vendosur njëri mbi tjetrin dhe për shkak të kësaj pamje struktura shpesh quhet stekë i protokolleve.

Këto shtresa janë të pavarura njëra nga tjetra. Për transmetimin e të dhënave në rrjet, të dhënat lëshohen poshtë stekut prej një shtrese në tjetrën, derisa ajo të transmetohet në rrjet përmes protokolleve të shtresës fizike. Secila shtresë në stek ofron informatën kontrolluese në mënyrë që shpërndarja të jetë e sigurt. Kjo informatë kontrolluese quhet Ballinë (Header) pasi që ajo është e vendosur para të dhënës që transmetohet. Mbështjellja e informatës me protokolle të nevojshme quhet Enkapsulim.

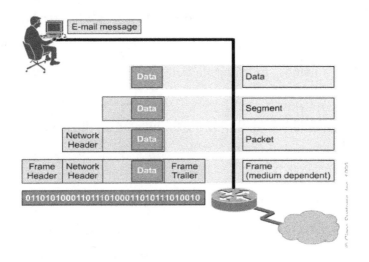

Fig.4.4. - Enkapsulimi i të dhënave

Kur e dhëna pranohet, ndodhë e kundërta. Secila shtresë e largon ballinën e vet para se të kaloj në shtresën e epërme. Në realitet, strukturat e të dhënave të një shtrese janë të dizajnuara me qenë kompatibile me strukturat e përdorura nga shtresat që i rrethojnë për shkak të transmetimit efikas të

67

të dhënave. Nga figura shihet se të dhënat gjatë transmetimit shëndrohen në segmente, mandej në paketa, në korniza dhe në fund në bita.

4.2.1 Shtresa e qasjes së rrjetës

Emri i kësaj shtrese është shumë i gjërë dhe paksa konfuz. Poashtu quhet shtresa prej kompjuteri deri te rrjeta. Është shtresë e cila ka lidhje me të gjitha qështjet e nevojshme, që një IP paket në realitet të krijoj një lidhje fizike, e mandej ta krijoj nje tjetër lidhje fizike. Kjo përfshin detajet e rrjetave LAN dhe WAN, dhe të gjitha detajet në shtresën fizike dhe shtresën e lidhjës së të dhënave të OSI modelit.

Duke qenë shtresa më e ulët e arkitekturës së protokolleve TCP/IP, kjo shtresë është përgjegjëse për komunikimin direkt me rrjetën. Njëherit duhet ta njoh arkitekturën e rrjetës e cila është në përdorim sikurse që janë token-ring apo etherneti, dhe duhet të krijoj një interfejs që ti mundësoj shtresës së Internetit të komunikoj me të. Kjo shtresë te modeli TCP/IP i kryen funksionet e dy shtresave të para të OSI modelit (shtresës fizike dhe data linkut). Protokollet e shtresës ss parë te modelit TCP/IP janë :

- protokolli Ethernet i cili definon lidhjen e rrjetave lokale përmes mediumeve të ndryshme dhe me shpejtësi të ndryshme të transmetimit (Ethernet 802.3, Ethernet 802.4 etj)
- point to point (PPP) – standardi për transmetimin e të dhënave nëpër lidhjet me modem.

4.2.2   Shtresa e Internetit

Njësia themelore e të dhënave në këtë shtresë është paketi. Qëllimi i shtresës së Internetit është që ti dërgoj paktetat burimore nga cila do rrjet në Internetëork (rrjetën interne) dhe ato të arrijnë në destinacion pamvarësisht nga rruga dhe rrjetat të cilat i kalojnë për të arritur në cak. Protokolli specifik i cili e drejton këtë shtresë quhet IP (Protokloli i Internetit). Caktimi i rrugës më të mirë dhe komutimi i paketave ndodhin në këtë shtresë. Nëse e mendojmë këtë sikurse sistemin postar: kur ju e dërgoni një letër, ju nuk e dini se si do të mbërrij në destinacion (ekzistojnë rrugë të ndryshme), por juve ju intereson që letra të mbërrij.

Kjo shtresë mundëson lidhjet logjike në mes të paisjeve që dëshirojnë të komunikojnë.

Shtresa e Internetit merret me rrugëtimin dhe shpërndarjen e paketave përmes IP-së. Protokollet në shtresën e transportit duhet të përdorin IP për dërgimin e të dhënave. Protokolli i Internetit përfshin rregullat se si duhet të adresohen dhe të orjentohen paketat, si të coptohen (ndahen), si të ribashkohen paketat, ofron sigurinë e informatës, si dhe identifikon llojin e shërbimit që përdoret. Megjithatë, pasi që IP nuk është protokoll bazë i koneksionit, ajo nuk garanton se paketat e transmetuara nëpër tela nuk do të humbin, dëmtohen, dyfishohen apo të dalin prej funksionit. Kjo është përgjegjësi e rrjetave më të larta të modelit të rrjetës.

Protokollet tjera të cilat ekzistojnë në shtresën e Internetit janë:

- ICMP (Internet Control Messaging Protocol)
- IGMP (Internet Group Management Protocol)
- ARP (Address Resolution Protocol)
- RARP (Reverse Address resolution Protocol)
- DHCP (Dynamic Host Configuration Protocol) mundëson ndarjen dinamike të IP adresave në disponim në rrjet.

4.2.3   Shtresa e transportit

Shtresa e transportit merret me kualitetin e shërbimeve, çështjen e sigurisë, kontrollin e rrjedhjeve dhe përmirësimin e gabimeve. Një nga protokollet e saj, protokolli i kontrollit të transmetimit (TCP), ofron rrugë të shkëlqyeshme dhe fleksibile në mënyrë që të krijoj komunikim të besueshëm, rrjedhje të mirë, gabime të ulta në rrjet. TCP është protokoll lidhës – orjentues, dmth realizohet dialogu në mes të burimit dhe marrësit derisa informata e shtresës së aplikacionit paketohet në njësi të quajtura segmente.

Lidhja logjike nuk do të thotë që qarku ekziston në mes të kompjuterëve të cilët komunikojnë (ai do të ishte qark komutues /ndërprerës). Nuk do të thotë që segmentet në shtresën e katërt të cilat udhëtojn mbrapa dhe përpara mes dy kompjutereve, të vërtetojnë ekzistimin e lidhjes logjike për një period. Kjo njihet si komutimi i paketave.

Shtresa e transportit është përgjegjëse që të mundësoj komunikimin mes paisjeve për aplikacione. Ky komunikim mud të jetë me vendosjen e kanalit logjik apo pa vendosjen e kanalit logjik. Transmetimi me vendosjen e kanalit logjik mundëson dërgim të besueshëm të të dhënave deri në cak,

71

me sa më pak humbje dhe sa më pak gabime, dhe përdoret te transmetimi i të dhënave të shfrytëzueseve. Transmetimi pa vendosjen e kanalit logjik përdoret në transmetimin e porosive drejtuese.

Dy protokollet kryesore të kësaj shtrese janë:

- TCP (Transmission Controle Protocol) është protokoll i cili përdor komunikimin me vendosjen e kanalit logjik në mes dy pajisjeve, duke ofruar transmetim të besueshëm të të dhënave, me mundësi të detektimit dhe korrektimit të gabimeve
- UDP (User Datagram Protocol) përdorë komunikimin pa vendosjen e kanalit logjik, sikurse që janë broadkastet për komunikim pa detektim dhe korrektim të gabimeve, dmth në komunikimet në të cilat nuk kërkohet siguria.

4.2.4   Shtresa e aplikacionit (shfrytëzuesve)

Dizajnerët e TCP/IP e ndien nevojën që shtresa e lartë e protokolleve duhet të përfshije edhe shtresën e prezentimit dhe shtresën e seancës (sesionit). Ata thjeshtë e krijuan një shtresë të aplikacionit e cila trajton protokollet e shtresave të larta, çështjen e paraqitjes, enkodimin dhe kontrollën e dialogut. TCP/IP bashkon të gjitha çështjet e

72

aplikacioneve në një shtresë, dhe siguron që kjo e dhëne të jetë paketuar mirë për shtresën e ardhshme.

Shtresa e aplikacionit gjendet aty ku janë të pozicionuara aplikacionet e klientit dhe serverit. Këto aplikacione shfrytëzojnë inferfejsin socket që të punojnë me TCP-në apo UTP-në për lëvizjen e të dhënave prej sistemi në sistem.

Protokollet e kesaj shtrese të cilat e përdorin TCP-në në shtresën e transmetimit janë:

- FTP (File Transfer Protocol)
- SMTP (Simple Mail Transfer Protocol)
- Telenet (Network terminal protocol)
- SNMP (Simple Network Management Protocol)

Ndersa protokollet të cilat e perdorin UDP-në janë:

- DNS (Domain Name Service)
- RIP (Routing Transformation Protocol)
- NFS (Network File System).

4.3   Protokollet e TCP Gjashtë protokollet të cilat mundësojnë funksionalitetin themelor të TCP/IP janë:

- TCP (Transmission Control Protocol)

73

- UDP (User Datagram Protocol)
- IP (Internet Protocol)
- ICMP (Internet Control Message Protocol)
- ARP (Address Resolution Protocol)
- IGMP (Internet Group Management Protocol)

Figura 4.5. paraqet vend ndodhjen e secilit protokoll në arkitekturen e modelit:

Application	Telnet, FTP, e-mail, etc.
Transport	TCP, UDP
Netëork	IP, ICMP, IGMP, ARP
Link	device driver and interface card

Fig 4.5. – Protokollet e shtresave të TCP/IP-së

4.3.1 TCP Protokolli/Transmission Control Protocol

TCP është protokoll me lidhje-themeluese çka do të thotë se së pari duhet të vendoset lidhja para se të filloj transmetimi i të dhënave në mes të dy pajisjeve. Shembull nga jeta e përditshme e sistemit të komunikimit me realizim

74

paraprak të lidhjes është sistemi telefonik. Te telefonia së pari duhet të krijohet lidhja, pastaj bëhet komunikimi. Kjo lidhje poashtu duhet të ekzistoj tërë kohë derisa të zgjat komunikimi.

TCP i ndan porosit në segmente të cilat ribashkohen në pranim. TCP është e dizajnuar që të vërtetoj se paketat e dërguara nga një pajisje janë pranuar në pajisjen tjetër destinuese. Nëse për ndonjë arsye paketat humbin gjatë rrugës, atëhere paisja burimore do ta ridërgoj paketën e humbur, dmth do të bëhet ridërgimi i paketave deri sa të arrin vërtetimi pozitiv mbi pranimin e paketave (Acknowledgement). Kjo do të bëhet pasi që lidhja është paraprakisht e vendosur, dhe shpërndarja e paketave mund të konsiderohet si e sigurt. Megjithatë, TCP për mbështetjen e komunikimit me realizim të lidhjes (connection oriented), gjatë transmetim të paketave përdorë mbingarkese shtesë (overhead)

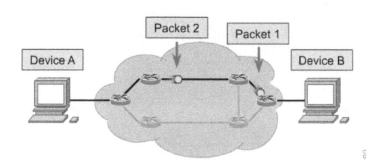

Fig. 4.6- Komunikimi me realizim të lidhjes

Metodat e realizimit të lidhjes shpesh ju referohen qarkut komutues. Këto procese së pari e realizojnë lidhjen me marrësin dhe mandej fillojn transmetimin e të dhënave. Të gjitha paketat udhëtojnë vazhdimisht nëpër të njejtin qark fizik, apo më mirë nëpër të njejtin qark virtual.

16							32 bits
Porti burimor							Porti destinues
Numri rendor							
Numri vërtetues							
Offset	E rezervuar	U	A	P	R	S	F	Dritarja
Pika kontrolluese e ballines / Checksum							Treguesi urgjent
Opcionet + Mbushësi							
Te dhënat							

> **Struktura e TCP ballinës**

Fig. 4.7. – Struktura e TCP ballinës

Porti burimor – paraqet numrin e portit burimor.

Porti destinues – paraqet numrin e portit destinues.

Numri rendor – numri rendor i oktetit të parë të të dhënave në këtë segment (në përjashtim kur SYN është prezent). Kur SYN është prezent, numri rendor është numër rendor inicial (ISN) dhe okteti i parë i të dhënave është ISN+1.

Numri vërtetues – nëse është vendosur biti i kontrollit ACK, kjo fushë përmban vlerën e numrit rendor të ardhshëm të cilin e pret që ta pranoj dërguesi i segmentit.

Offset (Fillimi i të dhënave)– 4 bitëshe. Numër prej fjalëve 32 bitëshe në ballinën e TCP, i cili tregon se ku fillojnë të dhënat. Ballina e TCP (edhe ajo e cila përmban opcione) ka gjatësin e cila është një numër integral prej 32 bitave.

Fusha e rezervuar – 6 bitëshe. E rezervuar për shfrytëzim të ardhshëm. Duhet të jetë zero.

Bitat kontrollues – 6 bita. Bitat kontrollues mund të jenë :

77

U (URG)	Urgent pointer field significant / Treguesi urgjent i fushës së rëndësishme
A (ACK)	Acknoëledgment field significant / Vërtetimi i fushës së rëndësishme
P (PSH)	Push function / Nxitja e funksionit
R (RST)	Reset the connection / Vendosja e lidhjes
S (SYN)	Synchronize sequence numbers / Sinkronizimi i numrit rendor
F (FIN)	No more data from sender / Nuk ka më të dhëna nga dërguesi

Dritarja – 16 bitshe. Numër i oktetit të të dhënave, të cilin dërguesi i këtij segmenti është i gatshëm ta pranoj, duke filluar me oktetin e treguar në fushën e vërtetimit.

Pika kontrolluese e ballinës – 16 bitëshe. Pika kontrolluese është fushë 16 bitëshe e cila plotëson shumën e të dhënës 16 bitëshe në ballinë dhe në tekst. Nëse segmenti përmban një numër të ballinës të tepërt dhe oktetet e tekstit kontrollohen, okteti i fundit është mbushur në të djathtë me zero për ta formuar një fjalë 16 bitshe për qëllim të kontrollit. Mbushja nuk transmetohet si pjese e segmentit. Deri sa të llogarisim kontrollin, fusha e kontrollit zëvendësohet vetvetiu në zero.

78

Treguesi urgjent – 16 bitëshe. Fusha transmeton vlerën aktuale të treguesit urgjent si një fillim pozitiv nga numri rendor në këtë segment. Treguesi urgjent vendoset tek numri rendor i oktetit duke i përcjellur të dhënat urgjente. Kjo fushë mund të interpretohet vetëm në segmentet në të cilat është vendosur biti i kontrollit URG.

Opcionet – mund të transmetohen në fund të ballinës së TCP-së dhe gjithnjë e kanë vlerën e cila është shumëzimi i 8 bitave. Të gjitha opcionet janë përfshirë në pikën kontrolluese. Një opcion mund të filloj në cilindo oktet kufitar.

Ekzistojnë dy mundësi të formatit për një opcion:

- Okteti i vetëm i llojit të opcionit
- Një oktet i llojit të opcionit, një oktet i opcionit të gjatësisë, dhe oktetet e opcioneve të të dhënave aktuale

TCP duhet t'i implementoj të gjitha opcionet.

Të dhënat – paraqesin të dhënat e TCP apo protokollet e shtresave të larta.

TCP është protokoll i sigurt, pasi që informatën prej burimit deri te caku e ndan në segmente, të cilat përsëri ribashkohen në marrës. I pranon paketat e vërtetimit, dhe e ritransmeton vetëm atë segment i cili humbet gjatë rrugës, e jo komplet informatën.

4.3.2 · UDP Protokolli / User Datagram Protocol

Protokolli i dytë i cili gjendet në shtresën e transportit është UDP protokolli. Ky protokoll nuk e krijon lidhjen në mes dy pajisjeve komunikuese para se të filloj transmetimi i të dhënave. Për këtë arsye UDP nuk mund të garantoj se paketat janë dërguar, se a janë dërguar me radhitje, apo se a do të mund të ritransmetohen nëse janë të humbura. I dhëne si protokoll me pasiguri të dukshme, disa mund të pyesin pse atëhere është zhvilluar UDP protokolli.

Por nëse e studiojm thjeshtësin përkatëse të formës së ballines se UDP-së, krahasuar me atë të TCP-së, vërejm se për dërgim të datagramit të UDP-së kemi përfshire shumë pak mbingarkesë (overhead). Datagrami i UDP nuk ka parametra sinkronizues apo mundësi prioritare. E tërë çka përmbanë është: porti burimor, porti destinues, gjatësia e të dhënave, pika verifikuese e ballinës, dhe pastaj të dhënat. Ekzistojnë shumë arsye që të kemi një protokoll të transportit i cili nuk kërkon që paraprakisht të vendoset lidhja. Para së gjithash mbingarkesa e vogël është e lidhur në UDP – nuk ka

80

nevoj të pëcjellim numrin rendor, kohëmatësin e ritransmetimit, kohëmatësin e vonesave të vërtetimit, si dhe ritransmetimin e paketave. UDP është e shpejt dhe me funksionalitet të efektshëm; vetëm se nuk është e garantuar. Kjo e bënë UDP-në të jetë perfekte për komunikimet të

 cilat i përfshijn broadkastet, njoftimet e përgjithshme në rrjet, apo kohën reale të shënimeve për arsye se lidhja nuk krijohet me secilin stacion marrës. Me fjalë të tjera

UDP protokolli është shumë më i shpejtë se TCP-ja, por nuk është e sigurt pasi që nuk i ka paketat e vërtetimit. Ballina e UDP është shumë më e thjeshtë se ballina e TCP

16	32 bits
Porti burimor	Porti destinues
Gjatësia	Pika kontrolluese e ballinës
Të dhënat	
Struktura e UDP ballinës	

Fig. 4.8. – Struktura e UDP ballinës

4.3.3   IP Protokolli / Internet Protocol

Një numër i protokolleve janë formuar në protokollin e Internetit, duke përfshirë protokollin më të rendësishëm në gjithë modelin e TCP/IP-së, Protokollin e   Internetit (IP). Arsyeja pse është protokolli më i rëndësishëm qëndron tek shtresa e transportit e cila nuk mund të komunikoj fare pa komunikuar përmes IP-së në shtresën e Internetit. IP është përgjegjëse për trajtim, adresim, dhe rrugëtim të paketave në rrjet. Është sistem pa realizim të lidhjes (conncectionless), por siguria e dërgimit të paketave nuk është e garantuar. (siguria ofrohet prej shtresave më të larta, qoftë nga TCP apo nga shtresa e lartë e aplikacioneve, në këtë rastë UDP).

IP poashtu ka edhe një numër të parametrave tjerë të cilët duhen të caktohen. Figura 4.9. ilustron një shembull të datagramit të IP dhe karakteristikat e ndryshme të cilat mund të konfigurohen. Nga parametrat të cilët duhen të kontrollohen dhe të vendosen në paketën e IP-së, vëmendje duhet të i kushtojm kohëzgjatjes së paketës, protokollit, adresës burimore dhe adresës destinuese. Këta parametra specifikojnë se kur duhet datagrami të dërgohet, nga vjen ai, sa kohë i duhet paketës të arrij në destinacion para se ajo të shkatërrohet nga rrjeta, dhe nëpër cilin protokoll (sikurse TCP apo UDP) duhet të kalojnë të dhënat.

82

4	8	16	32 bits	
Versioni	IHL	Tipi i servisit	Gjatësia totale	
Identifikatori			Flamujt	Fragmentuesi
Kohëzgjatja e paketës	Protokolli	Numri kontrollues i ballinës		
Adresa burimore				
Adresa destinuese				
Opcionale + Mbushësi				
Të dhënat				
Struktura e IP ballinës				

Fig. 4.9. – Ballina e një IP datagrami

❖ *Versioni* - paraqet versionin e IP e cila zbatohet momentalisht

83

❖ *IHL (gjatësia e ballinës në Internet)* – shënon gjatësinë 32 bitëshe të ballinës së datagramit.

❖ *Tipi i servisit* - specifikon se si një protokoll i shtresës së lartë do të dëshironte që datagrami aktual të trajtohet, dhe të caktoj rendësin e datagrameve nga shtresat e ndryshme

❖ *Gjatësia totale* – specifikon gjatësin në bajt, nga paketa e plotë e IP, duke përfshirë të dhënat dhe ballinën.

❖ *Identifikatori* – përmban një numër të plotë (integer) i cili e definon datagramin aktual. Kjo fushë është e rëndësishëm para lidhje së të gjitha fragmentimeve në paketa.

❖ *Flamujt* – Përbehen prej fushës 3 bitëshe prej të cilave dy bita të rendit më të ulët (më pak të rëndësishëm) kontrollojn fragmentimin. Bitat e rendit të ulët specifikojn se a duhen paketat të fragmentohen. Biti i mesëm specifikon se a është paketa e fundit e fragementuar në seri me paketat tjera fragmentuese.

❖ *Fragmentuesi* – tregon pozitën e të dhënave të fragmentuara të cilat janë të përafërta me të dhënat në datagramin origjinal, e cila e lejon IP-në destinuese që të rikonstrujoj në mënyrë të duhur datagramin origjinal.

❖ *Kohëzgjatja e paketit* -shfrytëzon numruesin i cili gradualisht zvogëlohet nëzero, në cilën pikë datagrami shkatërrohet. Kjo i mban paketat që të mos sillen pakufij.

❖ *Protokolli* – tregon se cila shtresë e protokolleve të larta pranon paketat ardhëse pas kompletimit të IP procesimit.

❖ *Numri kontrollues i ballinës* – ndihmon në sigurimin e integritetit të IP ballinës.

❖ *Adresa burimore* – tregon nyjën dërguese

❖ *Adresa destinuese* – tregon nyjën pranuese

❖ *Opcionet* – i lejon IP-së që ti përkrah opcionet e ndryshme psh. sigurinë.

❖ *Të dhënat* – përmbajnë informatat e shtresave të larta

Është më rëndësi të kuptohet se IP protokolli nuk mund të përdoret për komunikim direkt me një pajisje tjetër. Në shtresën fizike i gjithë komunikimi bëhet duke e përdorur MAC (Media Access Control) adresën. IP adresa duhet të gjejë se në cilën rrjet gjendet pajisja në mënyrë që shtresa fizike të mund të komunikoj me të. Me fjalë të tjera IP adresa përdoret për rrugëtim (lëvizjen e paketave në mes rrjetave) dhe MAC adresa përdoret për komunikim direkt (prej hosti në host apo prej hosti në ruter etj).

IP e pranon informatën në formë të paketës prej shtresës së transportit, qoftë përmes TCP-së apo UTP-së, dhe i dërgon jashtë të dhënat në IP datagrame. Madhësia e datagramit varet nga lloji i rrjetës e cila është përdor, sikurse që janë Token-ring apo Ethernet. Nëse një paketë ka shumë të dhëna për transmetim në një datagram, e dhëna ndahet në disa pjesë dhe transmetohet përmes disa datagrameve (kjo quhet fragmentim).

4.4   FTP Protokolli / File Transfer Protocol

Ky protokoll e krijon mundësin që fajllat në mënyrë publike të transferohen nëpër Internet. FTP pra mundëson bartjen e programeve ose të të dhënave nga kompjuterët në distancë. Ky opcion na jep mundësi të posaçme që shpejt dhe lehtë të posedojmë programin e dëshiruar në rrugë elektronike. Shumë programe që ofrohen përmes këtij servisi janë pa pagesë sepse janë për aplikim publik

4.5 HTTP Protokolli / Hiper Tekst Transfer Protocol

HTTP është njëri ndër protokollet e nivelit aplikativ, dedikuar sistemeve informative hipermediale dhe të shpërndara, të cilat komunikojn mes vete. HTTP është esenciale për World Wide Web. HTTP është protokoll i bazuar në kërkesa dhe përgjegje. HTTP është protokoll pa koneksion (connectionless) dhe pa gjendje (stateless). Pa gjendje është komunikimi tek i cili pasi serveri të jetë përgjigjur në kërkesën e klientit, lidhja këputet dhe harrohet. Nuk ekziston kujtesa për lidhjet e mëparshme të klientit dhe të serverit dhe gjendjen e kësaj lidhjeje.

4.6 POP3 dhe SMTP Protokolli

Protokollet për këmbimin e postës elektronike janë POP3 (Post Office Protocol) dhe SMTP (Send Mail Transfer Protocol). Postën elektronike e përmbajnë të gjitha rrjetat kompjuterike të bazuara në modelin client/server (kërkesa prej klientit / përgjigja prej serverit). Të gjitha porositë të cilat arrijnë në kompjuterin e shfrytëzuesit nëpërmes postës elektronike, barten me anë të protokollit të rrjetit POP3. Kur dëshirohet që të përgjigjet në ndonjë porosi ose të dërgohet porosi e re shfrytëzohet protokolli SMTP.

4.7 TELNET Protokolli

Telnet është protokoll i nivelit të shfrytëzuesit nëpërmes të cilit bëhet lidhja me kompjuterin në distancë dhe vazhdohet puna sikur të jemi duke punuar në tastierën e tij. Natyrisht për tu ndërlidhur në ndonjë kompjuter në disatncë duhet që shfrytëzuesi të jetë i regjistruar si shfrytëzues legal.

Në të kundërtën mund të aktivizohen vetëm programet reklamuese apo demonstrative, ose të dhënat në to. Poashtu Telnet mund të shfrytëzohet për kërkim të bazave të të dhënave në kompjuterin destinues që të shfletohen listat me biblioteka të fajllave ose që të shfrytëzohen serviset tjera të cilat janë sot në disponim për shfrytëzuesit.Me aktivizimin e Telnet-it, komandat dërgohen nga terminali ynë, servisit lokal Telnet, e ai i përcjell ato në kompjuterin destinues.

5 FORMIMI I ADRESAVE NË HOSTET E INTERNETIT

Një prej funksioneve më të rëndësishme të rrjetave të sotme është adresimi i hosteve të rrjetit. Një protokol shumë i përhapur i adresimit është protokoli IP (Internet Protocol).Shumica e shfrytëzuesve të lidhur në Internet (edhe përmes rrjetave lokale) e përdorin këtë adresim.

5.1 IP adresimi

TCP/IP kërkon që secili host në rrjetin e TCP/IP të ketë IP adresën e vet unike. IP adresa është adresë softverike e cila është një numër 32-bitësh dhe paraqitet në katër pjesë me numra decimal (n.n.n.n), ku secila prej këtyre katër pjesëve quhet oktet – që paraqet ndarjen e adresës në çdo 8-

bita. Secili bit në oktet ka këto vlera (128, 64, 32, 16, 8, 4, 2, 1). Vlera më e vogël për një oktet është 0 dhe vlera më e madhë është 255. IP adresat të cilat përdoren në Internet jane të caktuara dhe të rregulluara nga Autoriteti për ndarjen e numrave të Internetit, i cili cakton rregullat e procesit të administrimit të rrjetit të Internetit (Network Inforamtion Centre for Internet). Për qasje në rrjet apo në Internet, secili duhet ta kërkoj IP adresën nga ISP (Provajderi i Internetit).

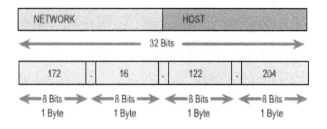

Fig. 5.1.-Shembull i një strukture IP

Meqë manipulimi me numra bianrë nuk është shume i përshtatshëm,është krijuar mundësia e adresimit në sistemin decimal,ku secila prej katër segmenteve të vargut 32 bitësh, ipet në ekujvalentin decimal,e më pastaj sistemi e konverton në vlerën e tij binare.Kështu secila prej këtyre komponenteve mund të marrë vlerat 0 deri 255.Mbajtja në mend edhe e adresave në sistemin decimal nuk është shumë e përshtatshme për shfrytëzuesin,andaj këto adresa më tutje nga ana e hostit shndërrohen në adresa fjalësh,të ndara me pika,gjithashtu.P.sh.www.kosovalive.com,ose

www.ardhmëria.com.al.

Varësisht se sa segmente të këtilla shfrytëzohen për definim të rrjetit, e sa për definim të hosteve, dallojmë pesë klasa të adresimit: klasa A, klasa B, klasa C, klasa D dhe klasa E. Okteti i pare i IP adresës paraqet numrin e rrjetës se klasës A, okteti i dytë paraqet numrin e rrjetës së klasës B, dhe okteti i tretë paraqet numrin e rrjetës së klasës C. Okteti i katërt i një IP adrese paraqet numrin e hostiti aktual. Kur të i bëjmë bashkë të gjithë oktetet (psh: 207.91.166.2), atëhere kjo është një IP adresë. Vetëm klasët A, B dhe C janë në dispozicion për përdorim komercial. Rrjetat e klasave D dhe klasave E janë rrjeta speciale.

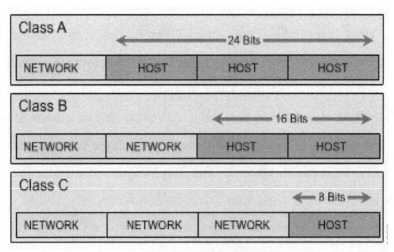

Figura 5.2.-Klasët e adresave IP

Për të njohur një struktur adresuese, se cilës klasë i takon,mjafton të shikohen bitat e parë: te klasa A biti i parë (më i majti) është gjithmonë 0, te klasa B dy bitat e parë janë gjithmon 1 0,dhe të klasa C bitat e parë janë 1 1 0.

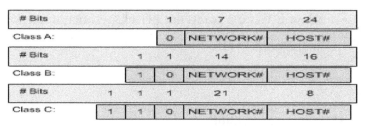

Fig. 5.3.- Njohja e një adrese IP

- Klasa A është e parashikuar për rrjeta të gjëra me numër të madhë të kompjuterëve. Biti i lartë i oktetit të parë është gjithmonë zero, i cili i'u mundëson që shtatë bitat tjerë në oktetitn e pare ti definojn deri në 127 rrjeta. 24 bitat e mbetur të IP adresës 32 bitëshe përdoren për të definuar hostet, duke krijuar mundësin e krijimit të 16.777.216 adresave unike të kompjuterëve.

- Klasa B përdoret te rrjetat me madhësi mesatare. Dy bitat e parë të lartë nga okteti i parë janë gjithmonë 10. Klasa B mund të ketë deri 16.384 (2^{14}) rrjeta të cilat mund të përfshijnë deri në 65.535 adresa unike të kompjuterëve.

- Klasa C përdoret për rrjetat e vogla. Tre bitat e parë janë gjithnjë 110, duke mundësuar kështu që të mund të definojn deri në 2.097.152 apo 2^{21} rrjeta të cilat mund të përfshijnë deri në 254 adresa unike të kompjuterëve.

- Klasa D është e rezervuar për adresa grupore (multicast), të cilat nuk mund të përdoren për adresim të pajisjes në një rrjet. Katër bitat e parë janë gjithnjë 1110. Gjithsejt kemi 2^{28} rrjeta të klasës D.

- Klasa E është e rezervuar për eksperimente, me katër bitat e parë 1111.

Klasët	Kufijt
A	**0**.0.0.0 to **127**.255.255.255
B	**128**.0.0.0 to **191**.255.255.255
C	**192**.0.0.0 to **223**.255.255.255
D	**224**.0.0.0 to **239**.255.255.255
E	**240**.0.0.0 to **247**.255.255.255

Konfigurimi i IP adresave në kompjuter mund të bëhet në dy mënyra:

- në mënyrë statike – nga ana e administratorit dhe

- në mënyrë dinamike – kur serveri e cakton kufirin e epërm dhe të poshtëm të adresave dhe si të qaset kompjuteri në rrjet, automatikisht e merr një adresë të lirë.

92

Në shtresën e rrjetit (shtesën 3) janë krijuar protokole që përkufizojnë në mënyrë të saktë adresimin. P.sh. një protokol i tillë është ai i njohur me emrin ARP (Addresses Resolution Protocol).

5.2 ARP Protokolli / Address Resolution Protocol

Për veçse IP planifikon të filloj transmetimin e plotë në rrjet, duhet ta dijë adresën fizike të pajisjes të cilës duhet të i'a dërgoj datagramin. Për të mbledh këtë informatë, mbështetet në ARP (protokollin e zgjidhjes së adresës). IP adresa shërben për përcaktimin e ruterave dhe për lëvizjen e paketave prej rrjetës në rrjet. MAC adresa gjithnjë përdoret për komunikim direkt (siq është dërgimi i dokumenteve nëpër kabllo).

ARP është përgjegjëse që ta gjej hartën e cilësdo adresë fizike lokale, të cilën IP-ja e kërkon. Nëse ARP-ja nuk e ka hartën në memorje, ajo duhet ta gjejë një të till në rrjet.   ARP e shfrytëzon transmetimin lokal, duke i pyetur të gjitha sistemet në rrjet se a e kanë IP-në e zgjedhur.   Kjo bëhet duke e përdorur ARP transmetimin e paketave të cilat e mbajn IP adresën dhe MAC adresën e hostit fillestar, kjo mandej do të ruhet në pajisjen e planifikuar. Kjo pajisje do ta ruaj adresën dhe do të përgjigjet me paketë e cila e përmbanë MAC adresën e vet. Pajisja gjeneruese mandej e ruan këtë në vendin e duhur të ARP lokale. Dy sisemet tani e kanë IP-në

93

dhe MAC-në adresën e njeri tjetrit dhe tani mund të komunikojn. ARP mund të zgjedh vetëm adresën e pajisjes lokale. Kur një IP adresë është caktuar të jetë nënrrjet e largët, IP e dërgon paketën në portën dalëse (deafult gateëay); në këtë rast ARP duhet të gjej MAC adresën e portës dalëse (gatëay).

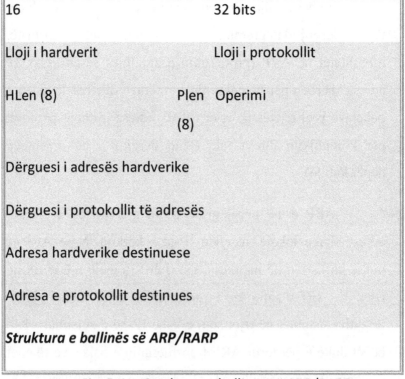

16	32 bits
Lloji i hardverit	Lloji i protokollit
HLen (8)	Plen (8) Operimi
Dërguesi i adresës hardverike	
Dërguesi i protokollit të adresës	
Adresa hardverike destinuese	
Adresa e protokollit destinues	
Struktura e ballinës së ARP/RARP	

Fig. 5.4. – Struktura e ballinës së ARP/RARP

ARP lista e fsheftë (cache) është jetë shkurtë. Adresat të cilat përdoren mbahen për 10 minuta, ndërsa adresat të cilat nuk përdoren mbahen vetëm për 2 minuta.

Me fjalë të tjera mund të themi se ARP protokolli është atëherë kur stacioni burimor paraprakisht e dinë IP adresën, por nuk e dinë MAC adresën e stacionit destinues. RARP (Reverse Address Resolution Protocol) është protokoll në të cilin stacioni burimor paraprakisht e din MAC adresën e stacionit destinues por nuk e din IP-në e tij.

5.3   Adresat Broadcast / Broadcast address

IP adresat që mbarojnë me " 0"(zero) binare në të gjitha bitat e hostave janë të rezervuara për network adresa.Broadcast adresa nëvoitet kur deshirojmë të dergojmë të dhëna të gjitha paisjeve në rrjetë.IP adresa broadcast përfundon me 1-she binare në tërë pjesën e host adreses.

5.4   Network ID

Është më   rëndësi të kuptohet rëndësia e pjesës Network të IP adresës - Network ID.Hostat në rrjetë mund të komunikojnë direkt vetëm me paisjet që kanë të   njejtën Network ID.Ata mund të gjenden në të njejtin segment fizik, por nëse kanë numra të ndryshëm rrjeti,ata zakonisht nuk mund të komunikojnë me njëri tjetrin,përveç nëse është ndonjë paisje tjetër që bënë lidhjen ndërmjet rrjetave.

Network ID-ja i mundëson ruterit ta dërgojë paketën deri te segmenti i duhur i rrjetës,derisa Host ID-ja i ndihmon ruterit të adresojë frejmat e shtresës së dytë (duke e enkapsuluar paketin) deri në hostin specifik në rrjetë.

5.5. Sabnet rrjeta / Subnetworks

Administratorët e rrjetave nganjëherë duhet ti ndajnë rrjetat, posaqërisht ato të mëdhatë në rrjeta të vogla. Këto ndarje të vogla quhen Subnetworks dhe ofrojnë fleksibilitet në adresim.Shpesh quhen thjeshtë SUBNETs.

Ngjajshëm me pjesën e hostit në adresat e klasës A,B dhe C,subnet adresat caktohen lokalisht,kryesisht nga administratori i rrjetës.Poashtu si edhe IP adresat, secila subnet adresë është unike.Subnet adresa përmbanë pesët e rrjetit të klasës A,B ose C,plus subnet fushen dhe host fushen.Këto dy fusha janë të krijuara nga pjesa origjinale e hostit për tërë rrjetn.Se si do të bëhet ndarja e pjesës origjinale të hostit në fusha të reja subnet dhe host,varet nga administratori i rrjetës

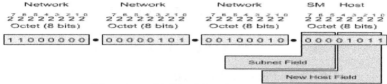

Fig. 5.5 .-Krijimi i subnet adresës

Për ta krijuar Subnet adresën, administratori i rrjetës "vjedh " bitat nga pjesa origjinale e hostit, dhe ia cakton ato fushës subnet. Numri minimal i bitave që administratori mund t'i "vjedh" është dy.

5.5.1   Subnet Maska

Subnet maska e bën ë filtrimin e hostave,nuk është adresë por determinon se cila pjesë e IP adresës është fushë e rrjetës (Network field) dhe cila fushë hosti (Network field).Subnet maska është 32 -bitëshe dhe ka 4 oktete si edhe

```
11111111.11111111.11110000.00000000
        Class B Network
    16 bits for the Network
    4 bits for the Subnetwork
     12 bits for the Host
```

IP adresa.

Fig. 5.6.-Subnet maska

Për të caktuar subnet maskën e IP adresës të ndonjë subneti të posaqëm duhet përcjellur këta hapa:

97

❖ Shprehet IP adresa e subnet-it në formë binare

❖ Zëvendësojmë pjesën network dhse subnet të adresës me të gjitha 1-she

❖ Zëvendësojmë pjesën host të adresës me të gjitha 0 (zero)

❖ Si hap i fundit e konvertojmë shprehjen binare në shënim "Doted decimal"

5.5.2 Llogaritja e hosteve për subnetwork

Numri i host adresave të mundshme që mund t'i caktohen një subnet-i është i lidhur me numrin e subnet-eve që janë krijuar.Nëse huazojmë 2 bita nga fusha e hostit (për krijimin e subnetit) nga një adresë e klasës "C" (kur e dimë që ka vetën 8 bita në fushën e hostit) fusha e hostit zvoglohet në 6 bita dhe numri i hostave të mundshëm është 64-2=62 hosta të shfrytëzueshëm kemi me 6 bita në fushën e hostit.

5.6 Adresat private

Ekzistojnë disa adresa (të caktuara) në secilën klasë të IP adresave që nuk janë të caktuara.Këto adresa quhen

98

Adresa Private.Këto adresa private mund të shfrytëzohen nga hostat që përdorin NAT (Netwok Address Translation) ose PROXY SERVER dhe lidhen në rrjeta publike (Public Network) ose nga hostat që nuk lidhen fare në Internet.

Shumë aplikime kërkojnë lidhshmëri vetëm përbrenda rrjete dhe nuk kanë nevojë për lidhje me jasht.Në rrjeta të mëdha shpesh përdoret TCP/IP, edhe pse nuk nevojitet lidhja e shtresës Network me rrjetën e jashtme.Shembuj të mirë janë bankat. Ato përdorin TCP/IP që të lidhin ATM-të (Automatic Teller Machines).Këto makina nuk lidhen me rrejtin publik kështu që adresat private janë ideale për to.Adresat private mund të përdoren së bashku me NAT serverin,ose Proxy serverin që t'ju ofrojnë hostave lidhje ne rretë që ka pak adresa publike në dispozicion .

Me marrëveshje,çdo trafik që ka adresë caku njërën nga seritë e adresave private nuk do të qarkullojë në Internet.

Serit në vazhdim janë të mundshme për adresim privat.0.0.0 - 10.255.255.255; 172.16.0.0 - 172.16.255.255; 192.168.0.0 - 192.168.255.255

5.7. Sistemi i Emrave të Domeneve / Domain

Name System

Duke pasur parasysh faktin që është e pa mundur të mbahen mend adresat numerike, të cilat, nganjëherë edhe ndryshojnë, kompania" Sun Microsystems" zhvilloi në vitet 80 një metod më të lehtë për ndjekjen e adresave. Kjo metod njihet si Sistemi i Emrave të Domeneve- DNS. DNS-ja vendos një hierarki të domeneve, të cilat janë grupe kompjuterësh të lidhur në Internet. DNS-ja i jep çdo kompjuteri një adresë interneti (ose një emër domeni), duke përdorur germa dhe fjalë në vend të numrave.Çdo domen i nivelit më të lartë të hierarkisë mbanë listat dhe adresat e domeneve në të . Këto nën- domene kanë përgjegjësi të ngjajshme për domenet nën to, e kështu me radhë.DNS-ja ndihmon kompjuterët e lidhur në Internet për të dërguar imeillje në adresa numerike IP. Adresa tekstore është e përbërë nga dy pjesë të ndara me shenjën @, si p.sh.:agashi@yahoo.com. Pjesa e parë në anën e majtë të shënjes @ është emri i perdoruesit (user name) që tregon personin që ka një llogari diku në Internet.Pjesa e dytë e adresës, në të djathtë të shënjes @ është emër domeni ose *host name*, që identifikon kompjuterin ku personi ka llogarinë e vet.Pjesa më e djathtë identifikon domen më të gjerë. Kjo pjesë mund të jetë **.com** për të treguar një

100

organizatë komerciale; ose **edu**, për të treguar një institucion arsimor etj. Për domene jashtë SHBA-ës në pjesën më të djathtë të domenit ka edhe dy germa që identifikojnë shtetin, si p.sh. **.al** (për një domen në Shqipëri).

Për të përkthyer adresat tekstore të Internetit në adresa numerike IP, shërbejnë disa kompjuterë të lidhur në Internet që quhen servera të emrave të domeneve (domain name servers).Gjatë instalimit të protokolleve TCP/IP në PC, atyre ju duhet treguar adresa numerike e serverit që do luajë rolin e më sipërm.

Organizatat që administrojnë emrat e domeneve si, RIPE në Evropë, kundrejt një takse të lirë regjistrojnë emrat edomeneve në bazat e të dhënave të tyre. Numri i domeneve të regjistruara rritet shumë dita ditës dhe ka propozime të ndryshme për ta zgjeruar DNS-ën.

6. LIDHJA E RRJETAVE NË INTERNET

Kujtojmë se Interneti është një bashkësi rrjetesh të shumëllojshme,të shpërndara në të gjithë Rruzullin tokësor.Rrjetet janë lidhur me njëri-tjetrin nëpërmjet "shigjesh" (pathëays) që lehtësojnë shkëmbimin e informacionit,të të dhënave, si dhe të skedarëve.Të jesh i lidhur në Internet nënkupton të keshë akses nëpër këto shitgje.Kompjuteri i juaj (në shtëpi apo punë) mund ta arrijë këtë akses nëpërmjet një rrjeti lan, ose individualisht,duke i telefonuar një kompjuteri të madh, i cili është i lidhur në Internet apo një ISP-je, e cila,zakonisht,e merr aksesin në Internet nëpërmjet lidhjeve stelitore.

Rrjetet e nivelit të mesëm lidhin rrjete LAN, duke përdorur linja telefonike të shpejtësisë së lartë,ose idhërnetin (ethernet), ose lidhje me mikrovalë (radio-valë) (figura 6.1). Procesi i dërgimit të informacionit nëpër Internet është shumë i ndërlikuar.Kur ju dërgoni informacion nëpërmjet Internetit,Protokolli i Kontrollit të Transmetimit (Transfer Control Protocol-TCP), filllimisht,ndan informacionin në paketa.Kompjuteri i juaj i dërgon këto paketa tek rrjeti juaj lokal.Prej këtu, paketat udhëtojnë nëpër shumë nivele rrjetesh, kompjuterësh, linjash komunikimi, para se të arrijnë në destinacionin final,që mund të jetë një qytet në anën tjetër

të Rruzullit.

Një shumëllojshmëri harduerësh i përpunojnë këto paketa dhe i rrugëzojnë ato për në destinacion.Nga këto harduerë po përmendim më kryesorët (karakteristikat dhe funksionet e të cilve janë trajtuar më gjërsishtë në pjesët e më sipërme):Habet (*Hubs), Bridges, Gateways, Repeaters,* dhe *Routers.*Habet, siç është thënë edhe më lart, lidhin grupe kompjuterësh me njer-tjetrin *Bridges* (Urat) lidhin rrjetet lokale LAN me njëra-tjetrën.Ato lejojnë që të dhënat për një

LAN tjetër të shkojnë në destinacion ndërsa të dhënat lokale të mbeten brenda rrjetit të vet.

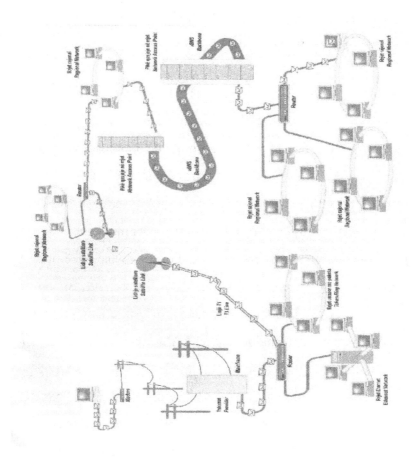

Fig.6.1 Lidjha e rrjetave të ndryshme në Internet

103

*Gateways (*portat) janë të ngjashëme me *Bridges,* por ato edhe përkthehejnë të dhënat nga të kuptueshme për një lloj të rrjetit në të kuptueshme për një lloj rrjeti tjetër.Kur të dhënat udhëtojnë shumë nëpër Internet (zakonisht ato përshkruajnë distanca të largëta), sinjali që përçon të dhënat mund të dobësohet.Prandaj përdoren *Repeaters* (repetitorë, përsëritës) që e përforcojnë sinjalin që përçon të dhënat.

Ruterat (*routers*-rrugëzuesit) luajnë rolin kyç në menaxhimin e trafikut të Internetit.Puna e tyre është që të sigurojnë qëpaketat arrijnë gjithnjë në destinacion.Nëse e dhëna transferohet ndërmjet kompjuterve që janë në të njejtin rrjet loka LAN, ruterat nuk janë të nevojshëm,sepse vetë rrjeti mund ta mbarëvërë trafikun e vet të brendshëm.ruterët hyjnë në lojë kur e dhëna shkëmbehet ndërmjet dy rrjeteve të ndryshme.Ruterat ekzaminojnë paketat për të përcaktuar destinacionin e tyre.Kur jnë paket udhëton nga një kompjuter i një LAN-i të një rrjeti të nivelit të mesëm drejt një kompjuteri të një LAN-i tjetër, diku në po atë rrjet të nivelit të mesëm,ruteri i dërgon paketët drejtpërdrejt në destinacionin e duhur. Por ,nëse destinacuioni ndodhet jashtë rrjetit të nivelit të mesëm, paketat dërgohen në një pikë aksesi NAP (Network Access point) nga ku ato përhapen nëpër një shtet apo nëpër botë nëpërmjet "kurrizoreve" (*backbones). Backbones* janë kanale komunikimi shumë të gjëra,zakonisht- lidhje satelitore.

6.1   Komunikimi në rrjet

Në pamje të parë komunikimi nëpër rrjete të lidhura në internet duket i thjeshtë.Mund të mendohet se mjafton të ndahet informacioni në copza, që janë paketa, të nisen këto paketa në destinacionin e duhur, dhe së fundi të bashkohen përsëri këto paketa,në mënyrë që kompjuteri që i merr të mund t'i shohë dhe t'i përdor ato. Por,po të shikosh më thellë, do të kuptosh se çdo mesazh,skedar,apo e dhënë,që duhet të udhëtojë nëpër rrjet, duhet të kalojë nëpër një sërë procesesh të shtresëzuara që përdoruesi nuk i sheh.Në secilën nga këto shtrsëzime, mesazhi pëson efekte të ndryshme.P.sh në **shtresëzimin e aplikimit** *(application layer*), të dhënat e mesazhit kthehen në bite dhe mesazhit i ngjitet një kokë, e cila identifikon kompjuterin dërgues dhe atë marrës.Mandej janë:**shtresëzimi i prezantimit** *(presentation layer)* i cili e përkthen mesazhin në një gjuhë që të mund ta kuptojë kompjuteri pritës,e kompreson dhe i shton një kokë ku specifikohet gjuha dhe kompresimi i mesazhit; **shtrsëzimi i seancës** *(session layer)*,i cili çel komunikimet,ai vendos kufijtë e fillimit dhe fundit të mesazhit; **shtresëzimi i transportit (***transport lauer***)**, i cili i ndanë të dhënat në

105

segmente , u vendos numër verifikimi-shumë matematike e bazuar në përmbajtjen e të dhënave; **shtresëzimi i rrjetit** (*network layer*), i cili i formon paketat prej segmenteve të të dhënave, i numëron ato, dhe u shton një kokë ku shkruhet sekuenca e paketave dhe adresa për ku janë drejtuar; **shtrsëzimi "lidje të dhënash"**(*datalink*), që supervizon transmetimin, konfirmon nëse shuma e verifikimit është aq sa përmbahet brënda të dhënës; **shtrsëzimi fizik** (*physical layer*), i cili i dekodon paketat,pra i kthen në sinjale të transportueshme, siç janë sinjalet analoge që përhapen nëpër linjën telefonike.Në nyjen pritëse të mesazhit rikalohet nëpër këtë proces shtrsëzimi në renditjen e kundërt.

Protokollet më të rendësishme të komunikimit në internet (të cilët gjithashtu janë analizuar më lartë) që janë TCP dhe IP përmbajnë shumicën e këtyre shtresave që thamë më lart.Shpesh këto protokolle njihen si TCP/IP. Ky është një protokoll që zbatohet për Internetin, i cili është i njohur si rrjet me kyçje paketashKjo do të thotë që në internet nuk ka një lidhje - komunikim të vetëm të pandërprerë- ndërmjet dërguesit dhe marrësitNë fakt, informacioni që niset nga dërguesi është i coptëzuar në paketa të vogla, të cilat udhëtojnë nëpër shumë rrugë të ndryshme në të njejtën kohë dhe rimblidhen në skajin pritës.Protokolli TCP i copton të dhënat në paketa që, zakonisht ,janë me më pak se rreth 1500 karaktere.Çdo paket mbartë në kokë informacione të ndryshme si p.sh.informacioni për renditje sipas së cilës paketat duhet të bashkohen me njëra tjetrën kur mbrrijnë në destinacion,si dhe informacionet që shtojnë shtresëzimet e permendura më lart.

Protokolli IP i fute paketat në një "zarfë" të veçantë."Zarfi" përmban informacionin që i tregon Internetit se për ku është destinuar paketa."Zarfat" kanë koka që përmbajnë edhe informacione të tjera, si: adresa e dërguesit, koha që duhet të ruhet paketa dersia të flaket tej etj (figura 6.2).

Gjatë kohës që paketat udhëtojnë nëpër Internet, ruterat që ato ndeshin rrugës, ekzaminojnë "zarfat" dhe shikojnë adresën e destinacionit.Këta rutera përcaktojnë edhe rrugën më efektive për dërgimin e paketës në ruterin tjetër qështë më afër destinacionit final të paketës. Për arsye të ndryshimit të vazhdueshëm të ngarkesës së trafikut në Internet,paketat mund të përshkojnë rrugë të ndryshme dhe mund të arrijnë në destinacion jo në renditjen e duhur.

Kur paketat arrijnë destinacionin e tyre ,TCP-ja llogarit çeskamin (numrin e verifikimit- *checkum*) e çdo pakete. Mandej krahason këtë çeksam me atë që ka të shkruar paketa.

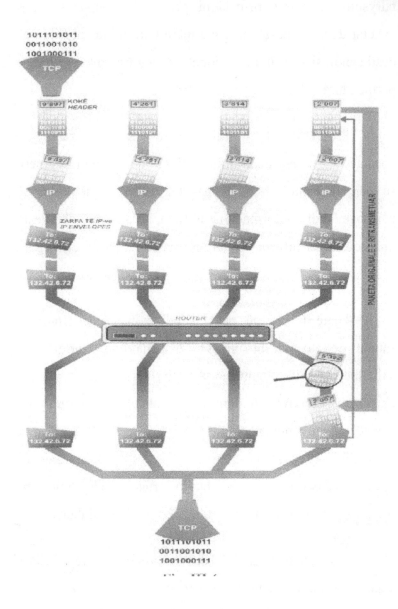

Fig. 6.3.- Paketa e futur në "Zarfë"

Nëse të dy çeksamet nuk përputhen, TCP-ja kupton se e dhëna në paketë është korruptuar gjatë rrugës. Atëherë ai e

108

flak tej këtë paketë, duke kërkuar që paketa origjinale të ritransmetohet.Mbasi vijnë në destinacion të gjitha paketat e pakorruptuara të një mesazhi, protokolli TCP i bashkon ato sipas renditjes origjinale, duke riformuar mesazhin per kompjuterin pritës.

6.2 Roli i ruterave (router-rrugëzues)

Në trafikun e Internetit, ruterat luajnë rolin e dispeçerit të trafikut të një sipërmarrjeje transporti. Ata sigurojnë që të dhënat të dërgohen atje ku duhet, sipas rrugës më efektive të mundshme. Kur përdoruesi i Ineternetit dërgon dhe merr të dhëna, ky informacion kalon të paktën nëpër një ruter, por zakonisht nëpër disa rutera para se të arrijë destinacionin.

Ruterat i'u lexojnë paketave të të dhënave adresat IP të destinacionit, llogarisin rrugën më të mirë dhe i nisin paketat drejt destinacionit. Nëse destinacioni është në të njëjtin rrjet me kompjuterin dërgues, ruteri e dërgon paketën direkt tek kompjuteri destinacion. Nëse destinacioni është jashtë rrjetit lokal, ruteri do ta dërgojë paketën në një ruter tjetër më afër destinacionit. Ky i fundit, e dërgon paketën në një ruter akoma më të afërt me destinacionin, e kështu me radhë, derisa paketa arrin në destinacionin final.Për të pwrcaktuar se tek cili ruter duhet ta dërgojw paketwn ruteri, ku paketa ndodhet për momentin, ky ruter i fundit merr parasysh dy faktorë: dendësinë e trafikut dhe numrin e kërcimeve (*hops*), pra numrin e ruterave ose portë- kalimeve (*gateway*) që duhen kaluar për një rrugëzim të caktuar.Ruterat, kanë portat të marrjes/hyrjes (*input*) së paketave dhe porta të dërgimit/daljes (*output*) të paketave drejt destinacionit. Kur një paketë vjen tek porta *input,* ruteri, nëpërmjet një softueri rutinë që quhet proces rrugëzimi (*routing process*), ekzaminon kokën e paketës IP dhe gjen adresën për ku është nisur paketa.Më tej , procesi krahason këtë adresë me një tabelë bazë- të- dhënash (*database*) të brendshme që quhet *routing table* (tabelë rrugëzimi). Kjo tabelë ka informacion të detajuar për portat ku duhen dërguar paketat me adresa IP të ndryshme.Duke u bazuar në informacionin e kësaj tabele, ruteri e dërgon paketën në portën dalëse *(output)*. Kjo portë i dërgon të dhënat në ruterin tjetër ode në vetë destinacionin (figura 6.4).Paketat mund të vijnë në portën hyrëse (*input*) të ruterit më shpejt se ato të procesohen. Në këtë rsat paketat dërgohen në një zonë të veçantë të kujtesës RAM të ruterit, që quhet **"radha e hyrjes"** (input queue). Çdo portë hyrëse do të procesojë paketat e radhës sipas renditjes në të cilën ato vijnë në ruter. Nëse numri i paketave që vijnë e kalon kapacitetin e radhës, paketa mund të humbasin.Kur ndodh kjo, protokollet TCP në kompjuterat dërgues dhe marrës merren vesh që të bëhet ridërgimi i paketave.

110

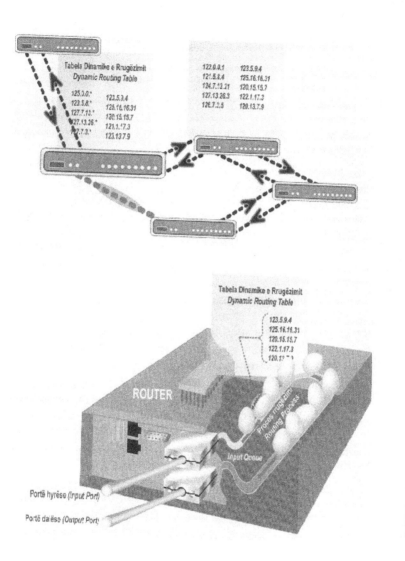

Fig. 6.4 - Puna e ruterit

6.3 Fajëruollët

Sa herë që kompanitë, firmat, organizata etj, e lidhin rrjetin e vet lokal LAN me Internetin, ato përballen me rreziqe potenciale. Krijohet mundësia që persona shkatrimtarë të hyjnë në rrjetin lokal dhe të dëmtojnë në mënyra të ndryshme: të dëmtojnë të dhëna të rëndë sishme, të shkatrrojnë sistemin e ndonjë kompjuteri ose komplet rrjetin; mund të përdorin burimet e kompjuterave të kompanisë etj. Një nga mënyrat e mënjanimit të kësaj situate arrihet me anë të ndërtimit të mureve mbrojtëse (*firewall*) të rrjetit, që lejojnë çdo njeri nga kompania ta përdorë Internetin, por ndalon personat e tjerë nga Interneti që të hyjnë në rrjetin lokal të kompanisë (figura 6.5).

Fajëruollët janë kombinime harduerësh dhe softuerësh, që ndërtohen duke përdorur rutera, sërvera dhesoftuerë specialë. Ato vendosen në pikën më delikate dhe më të prekshme të lidhjes ndërmjet rrjetit të kompanisë dhe Internetit.

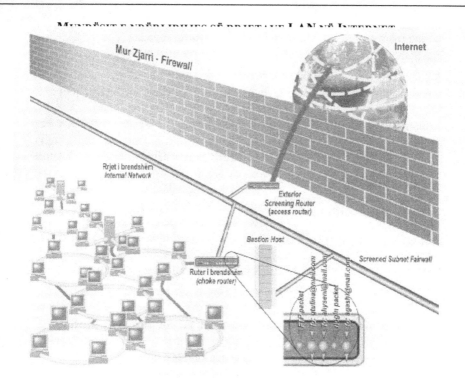

Fig. 6.5- Realizimi i një fajëruolli

Fajëruollët janë të shumëllojshëm, por kanë disa elemente të përbashkëta.Një nga këto elemente është filtrimi i paketave. Të gjitha paketat që hyjnë dhe dalin në rrjetin lokal kalojnë nëpër një ruter hetues (*screening* ose *choke router*). Ky ruter i ekzaminon paketat, të cilat kanë në kokën e tyre informacionin mbi dërguesin, marrësin,protokollin e përdorur për dërgim etj. Duke u bazuar në këtë informacion,ruteri do të lejojë ose do të ndalojë kalimin e paketave.P.sh.,mund të ndalojë paketat që vijnë nga lokalizime të Internetit që janë të dyshimta.Administratori i sistemit vendos rregulat se cilat paketa të lejohen dhe cilat

113

të bllokohen. Një element tjetër i fajëruollit është kompjutri i ashtuquajtur hosti bastion.Ai është një sërvër i mbrojtur mirë, me disa masa sigurie. Ky sërvër është pika e vetme e kontaktit për kërkesat që vijnë nga Interneti,kërkesa për sjellje mesazhi, apo për akses në sajet të kompanisë me FTP apo Telnet.Asnjë nga kompjuterat e rrjetit të kompanisë nuk mund të kontaktohet direkt me kërkesë nga Interneti, por vetëm nëpërmjet hostit bastion. Ky mund të konfigurohet edhe si *proxy*-sërvër, i cili proceson çdo kërkesë nga rrjeti lokal i kompanisë, për të dalë në Internet.si për të shfletuar faqe të Internetit,ashtu edhe për të shkruar skedarë me anë të FTP.

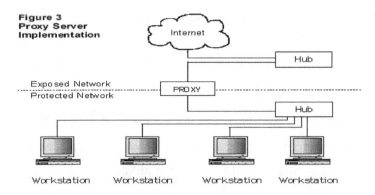

Fig. 6.6 Implementimi i proksi sërverit

Administratorët e sistemit mund ta konfigurojnë sërvërin proksi që të përdoret për shumë shërbime si FTP,*Telnet*,Web.Ata vendosin se cilat shërbime duhet të kalojnë nëpër sërvërin proksi.Proksi sërvërët janë mënyrë

114

ekonomike dhe w sigurtë për mbrojtjen e sistemeve tuaja kompjuterikenga të paftuarit.

Kzistojn mënyra të shumta për ta kaluar një barierë,përfshirë edhe firewall-in,dhe të jeni të bindur se një i paftuar da ta gjej atë mënyrë.Në botën e sotme ,siguria është brenga kryesore, sepse rrjetat e kanë treguar veten të paçmueshme në botën komerciale.Sot, siguria e rrjetave ka forma të ndryshme, dhe një numër të madh mekanizmave mbrojtës në dispozicionin tuaj.Pra,sot, bota e sigurisë është më hi-tech se sa ishte në të kaluarën,sidoqoftë, siguria nuk e ka arritur perfeksionimin ende,dhe ne këtë drejtim mbetet ende shumë punë për tu bërë.

PËRMBLEDHJE

Rrjetet e të dhënave janë si rezultat i aplikacioneve kompjuterike që kanë qenë të shkruara për biznese.megjithatë në kohën kur këto aplikacione ishin shkruar, bizneset zotronin kompjuterë që ishin paisje të pa varura dhe secila prej tyre punonte në mënyrën e saj të pavarur nga kompjuterët tjerë.Sido që të jetë ishte e qartë që kjo nuk ishte e efektshme ose kosto efektive e mënyrës në të cilën biznesët të operonin.

Atyre u nevojitej një zgjidhje që do të adresonte në mënyrë të sukësesshme tri pyetjet vijuese:

1. Si të shmangej dyfishimi i paisjeve dhe resurseve

2. Si të komunikohet efektivisht

3. Si të krijohet dhe menagjohet rrjeta.

Bizneset vlersonin sa shumë para ata mund të ruanin dhe sa shumë produktivitet mund të fitonin duke përdorur teknologjinë rrjetuese.Ata filluan të shtojnë rrjetat dhe zgjerojnë rrjetat ekzistuese me të njejtën shpejtësi, me atë të teknologjive të reja të rrjetës dhe produkteve që ishin të përfshira.Si rezultat i kësaj, zhvilimi i parë i rrjetave ishte kaotik në shumë mënyra.Shumica e teknologjive të rrjetës që ishin shfaqur ishin të krijuara me një varietet të ndryshëm të harduerit dhe implementimeve të softuerit.Si pasojë e kësaj

116

shumica e teknologjive të rrjetës ishin jokompaktibile me njëra-tjetrën.Gjithnjë e më shumë bëhej i vështirë komunikimi i rrjetave që përdornin specifikime të ndryshme me njëra-tjetrën.

Si zgjidhje e parë e këtij problemi ishte krijimi i rrjetave lokale LAN.Sepse ato mund të lidhnin të gjitha stacionet punuese ,periferitë,terminaletë dhe paisjet tjera në një ndërtim të vetëm.LAN-ët e bëjnë këtë të mundur për biznese duke përdorur teknologjinë kompjuterike në ndarjen e disa gjërave si fajlave, printerave etj.

Mirëpo duke e pasur parasyshë zhvillimin e hovshëm të kohëve të fundit të bizneseve dhe kërkesave e nevojave të shumta si rrjedhojë e këtij zhvillimi ,lindi nëvoja për gjetjen edhe të një zgjidhjeje tjetër e cila do mundësonte një komunikim në bazë më të gjerë qoftë nga natyra e shtrirjes ,qoftë nga natyra e mënyrës së plotësimit të kërkesave të sotme ,të cilat mund të themi se janë shumë të mëdha.

Si zgjidhje e gjithë kësaj u shfaqë mundësia e ndërlidhjesë së rrjetave LAN në mës tyre dhe ndërlidhjesë së tyre në Internet.Kjo zgjidhje ishte një përparësi shumë e madhe jo vetëm për bizneset por edhe për lëmitë e tjera të cilat gjithnjë e me shumë po e përdorin Internetin në kuadër të rrjetit LAN.

117

Sot lirisht mund të thuhet se rrjetat LAN kanë një hovë të madh të aplikimit të tyre në lokacione të ndryshme.Gjithashtu, sot po punohet shumë në drejtim të aplikimit dhe arsyshmërisë së aplikimit të rrjetave LAN pa tela.(WirelessLAN).

Derisa thënja "bota nuk sillet vetvetiu,botën e sjellin paratë" është e vërtetë,mund të themi se sot ,dhe në të ardhmën e afërme kjo thënje do të ndryshohet në "botën e sjellin rrjetat", pasiqë shumë biznese janë duke i adaptuar rrjetat si automjete të tyre për tregti.

Pra aplikimi i rrjetave lokale dhe ndërlidhja e tyre ne Internet do të jetë gjithmonë një përparësi dhe lehtësim në kryerjen e detyrave dhe plotësimin e kënaqshëm të kërkesave tona.

SUMMARY

Data networks are as results of computer applications that have been written for businesses. However, at the time this applications were written, businesses mastered computers which were independent devices and each of them worked on its own, independetly from other computers. In any case, it was obvious that, this was neither efficient nor effective cost of the way businesses operated.

They needed a solution which would give them a successful answer to the three following questions:

1. How to avoid reduplication of devices and resources?
2. How to make an effective communication?
3. How to create a network and how to manage it?

Businesses estimated how much money they could have saved and what a production they could have made using a network technology. They started to increase the number of networks and to extend the existing ones with the same speed of new technologies of networks and the products that were included. As a result of this, the development of firstnetworks was chaotic in many ways. A great deal of technologies of networks appeared to be created with different variety of hardware and implementation of software.

119

As a result, most of technologies of network were incompatible with one another. Increasingly, the communication among networks using different specifications, became difficult.

The initial solution of this problem was the creation of LAN local networks. They were able to link all working stations, periphery, terminals and other equipment in a single construction. LAN-s make it possible for businesses by applying computer technology in dividing of files, printers etc.

Having in consideration the recent rapid development of businesses and the enormous number of needs and demands wich appear as the result of this development, then we have another requirement for finding a solution that will enable a communication on wider basis whether by expanding or by finding the way of answering today's needs for which we can say that are considerable.

As an answer to all of this, it occurred the possibility of linking of LAN networks to one another and internet,too.This solution was not an advantage only to businesses but it was also an advantage to other fields that are using internet within LAN network.

It can be freely said that LAN networks are applicable in a large scale in different locations.Also today, a huge engagement is going on in the direction of application and the reasonability of application of LAN wireless networks (WirelessLAN).

As far as the saying, "world does not turn by itself, money turns the world", is true, we can say that even today or in near future this saying will change into "networks turn the world" for many businesses are modifying networks like their market vehicles.

So, the application of local networks and their internet,link will be always of an advantage and facilitation of doing the tasks and fulfilling our needs in a satisfactory way.

Biografia

Kyvete S. Shatri lindi me 23 korrik 1980 në Istog. Shkollën fillore dhe të mesmen i kreu në vendlindje. Studimet i regjistroj në tetor të vitit 1999 në Fakultetin e Inxhinierisë Elektrike dhe Kompjuterike – drejtimin Kompjuterikë me Telekomunikacion, në Universitetin e Prishtinës. Studimet i mbaroj në qershor të vitit 2005 ku mori thirrjen: Inxhiniere e Diplomuar e Elektroteknikës. Ky është libri i parë i botuar i Kyvetës.

Literatura:

- Robert Scrimger, "Introduction to networking with TCP/IP",viti 2000

- Dr.sc. Edmond E. Beqiri "Interneti-komunikimet kompjuterike", viti 2002

- Mr. Salem Lepaja & Mr. Adnan Maxhuni "Rrjetet e informacionit", viti 2003

- Prof. Bejo Duka "Njohuri mbi Kompjuterin,Windowsin, Internetin", viti 2003

- Ekrem Dragusha,inxh.Dipl." Interneti", viti 2005

- www.cisco.com/univercd/cc/td/doc/cisintwk/ito-doc/introlan.html, me:16.05.2005

- www.inetadaemon.com/tutorials/lan/topology.html , me:16.05.2005

- www.howstaffworks.com , me.09.06.2005